Birgit Zart
Glückskinder

Birgit Zart

Glückskinder

Von Kinderwunsch bis Lebensglück
Erfolgreiche Arbeit mit inneren Bildern

Verlagsgruppe Random House FSC-DEU-0100
Das für dieses Buch verwendete FSC-zertifizierte Papier
Super Snowbright liefert Hellefoss AS, Hokksund, Norwegen.

Bibliografische Information der Deutschen Bibliothek

Die Deutsche Bibliothek verzeichnet diese Publikation
in der Deutschen Nationalbibliografie; detaillierte bibliografische
Daten sind im Internet unter http://dnb.ddb.de abrufbar.

© 2010 Ariston Verlag in der Verlagsgruppe Random House GmbH
Alle Rechte vorbehalten

Umschlaggestaltung: Griesbeck Design
Satz: EDV-Fotosatz Huber/Verlagsservice G. Pfeifer, Germering
Druck und Bindung: GGP Media GmbH, Pößneck
Printed in Germany 2010

ISBN 978-3-424-20039-3

Inhalt

Vorwort oder Vom Betriebssystem unseres Lebens . .   7

1. Kapitel:
Was wir meinen, wenn wir behaupten,
glücklich zu sein.   15
Sehnsucht nach Glück.   22
Glücksmomente   27
Gefühle ordnen sich wie Perlen auf einer Kette. . . .   31
Ein Punkt absoluter Glückseligkeit.   36
Die Glücksformel   43

2. Kapitel:
Glücklichsein lernen ist (k)eine Kunst   49
Kraftwerk Unterbewusstsein.   53
Die Hardware   55
Das Betriebssystem.   59
Das Ablageprinzip – Glücksordner und
    Pechordner.   61
Wie wir ins Ablageprinzip eingreifen können   69
Die Programmiersprache des Unterbewusstseins . .   71

Wie wir unbrauchbare Ordner korrigieren können. 75
Neues hält das Unterbewusstsein lebendig. 81
Das Unterbewusstsein kennt keine Negation 84
Das Unterbewusstsein kennt keine Zeit 89
Positive Erfahrungen erzeugen Resonanz 96
Die Intelligenz des Körpers 99
Der Memory-Effekt der intelligenten
    Körperzellen 101
Unglücksraben fallen nicht vom Himmel. 106

3. Kapitel:
Die Straße ins Glück 109
Glück hält uns gesund 112
Dem Glück entgegengehen 114
Simple Strategien genügen 115
Sich ans Glück gewöhnen. 118
Dreimal täglich lächeln. 121
Wer nicht wertet, wird reich beschenkt 125
Dem Humor freien Lauf lassen 128
Minimale Korrekturen – glückliche Resultate 133
Achterbahn der Emotionen 136
Glück als Lebenshaltung 145
Die Kraft der Worte 149
Dank und Anerkennung. 162
Alles fängt bei Mama an 167
Die Straße des Glücks ist in uns verborgen –
    legen wir sie selbst wieder frei 169
Werden Sie nun selbst ein Glücksritter 173

Vorwort oder Vom Betriebssystem unseres Lebens

Liebe Leserinnen und Leser,

über viele Jahre hinweg gelte ich nun schon als *die* Kinderwunschexpertin. Ich habe die alternative Kinderwunschtherapie entwickelt und kontinuierlich weitergeführt. In all der Zeit konnte ich mit meinen Methoden unzähligen Paaren zur Erfüllung ihres Kinderwunsches verhelfen.

Nun fragen Sie sich vielleicht, was mich jetzt dazu bewegt hat, ein Buch über Glücksfindung zu schreiben. Darauf kann ich Ihnen antworten, dass diese beiden Themen sehr viel enger zusammenhängen, als man auf den ersten Blick vermuten würde. Und zwar nicht nur, weil Kinder für viele Menschen den Weg zum Glück bedeuten, sondern weil sowohl die Erfüllung eines Kinderwunsches als auch die Erfüllung unseres Lebensglücks auf derselben Methode basieren: nämlich der Arbeit mit inneren Bildern, die ich seit Jahren erfolgreich in meiner Praxis anwende.

Die Kinderwunsch-Arbeit ist alles andere als theoretisch. Im Gegenteil: Sie entsteht immer in der Praxis, immer an meinen Patienten entlang. Sie bringt mir sehr viel Freude, manchmal ist sie aber auch nicht so ganz einfach: Denn nahezu jede Schwächung unserer Kraft oder unserer Gesundheit hat immer auch einen psychosomatischen Hintergrund. Um einen Menschen auf der psychosomatischen Ebene zu heilen oder auch nur zu unterstützen, muss diese Heilung genau dort stattfinden, wo die Ursache der Schwäche liegt: im Unterbewusstsein. Deshalb wirkt die Anwendung und Veränderung der inneren Bilder auch genau dort.

Alle tiefenpsychologisch wirkenden Therapieformen, egal, wie sie heißen mögen, arbeiten im Unterbewusstsein, sonst wären sie nicht wirkungsvoll. Nun ist das allerdings mit dem Begriff »Unterbewusstsein« so eine Sache – zu lange und zu oft wurde er, ich nenne es mal: ein wenig überstrapaziert für allerlei esoterischen Schnickschnack und experimentelle Erfahrungen der New-Age-Szene.

Dieses assoziative Vermischen von soliden Therapieansätzen und luftigem Schabernack ist ein Vorurteil, welches sich bis heute in den Köpfen der Menschen hält. Es tut aber den Therapien unrecht. Und es ist nicht mehr zeitgemäß. Ich begegne ihm aber in meiner Praxis immer wieder und ich bin in der Not, den Zweiflern unter meinen Patienten erklären zu müssen, wie die Arbeit am Unterbewusstsein funktioniert und stattfindet.

Die allergrößten Zweifler unter ihnen sind meistens die Männer und Partner meiner Wunschmütter. Das ist verständlich und auch gut so. Immerhin sind es doch zumeist die Frauen, die einen Besuch in meiner Praxis initiieren und ihre Männer bitten, sie durch die halbe Republik zu fahren und an einer mehrstündigen Sitzung teilzunehmen. Nicht alle Männer sind davon begeistert und verhalten sich dementsprechend reserviert. Die Männer aus dieser Zurückhaltung zu holen, gehört daher zu meinem Tagewerk.

Es lohnt sich immer, etwaige Zweifel und Vorbehalte gleich zu Beginn auszuräumen, denn die anschließende Arbeit geht dann umso zügiger, kann manchmal so überhaupt erst vollbracht werden.

Das lernte ich eines Tages in der Schweiz, wo ich ein Kinderwunschseminar gab und mit einer Gruppe arbeiten wollte, in der es offenbar mehr Zweifler gab als üblich. So etwas ist spürbar. Und es ist auch sichtbar. Viele Ehemänner und Partner saßen mit verschränkten Armen in einer Hab-Acht-Haltung und beobachteten kritisch, was ich wohl mit ihnen gleich anstellen würde. Und neben ihnen saßen betroffene Frauen, denen es sichtlich unangenehm war, dass ihre Männer sich so unkooperativ zeigten. Normalerweise kann ich mich darauf verlassen, dass sich dies im Laufe des ersten Vormittags von ganz alleine ändert. Das ist im Grunde immer so. Sobald die Männer Vertrauen gefasst haben, sind sie oft sogar noch verbindlicher und loyaler, als es die Frauen ohnehin schon sind.

An diesem Tag aber entschied ich mich anders. Ich beschloss, die Befangenheit gleich zu Beginn des Seminars zu lockern. Während ich sonst immer nur praktisch arbeite, griff ich diesmal zu einem Edding, begab mich damit zum Flipchart und erklärte aus dem Stegreif, wie die Gefühle des Menschen funktionieren: wie, wo und auf welchen »Festplatten« sie gespeichert sind, welches ihre Programmiersprache ist und wie man mittels dieser Programmiersprache gezielt und präzise in das ganze Gefühlssystem eingreifen kann.

Warum tat ich das? Männer sprechen eine andere Sprache als Frauen. Und sie mögen es auch nicht ganz so sehr, ihren Gefühlen ein allzu großes Gewicht zu verleihen. Das halten sie für eine typisch weibliche Angelegenheit, und es ist ein Gebiet, welches viele von ihnen meiden oder allenfalls über sich ergehen lassen.

Längst wusste ich aus anderen Seminaren, in denen ich eine Massagetechnik – die Fruchtbarkeitsmassage – lehre (ebenfalls ein Gebiet, das vielen Männern nicht geheuer ist), dass es ihnen leichter fällt, wenn ich andere Begriffe und Modelle wähle, als ich es in reinen Frauengruppen für angebracht halte. So gibt es Massagegriffe, die nenne ich »Pistenraupe«, »Schaufelbagger«, »Vakuumpumpe« oder »Schneefeger« – und schon finden auch die Männer Gefallen daran.

Nun, dieses Seminar in der Schweiz war aber kein Massageseminar, sondern ein psychosomatisches. Und ohne weiteren Vorsatz hatte ich am Flipchart das Funktionieren unserer Gefühle mit dem Bild eines gut entwickelten und klug ausgetüftelten Computer-Betriebssystems erklärt. Unser Gehirn stand für eine kleine Festplatte, die logisches Denken verwaltet, das Unterbewusstsein für eine andere Festplatte, die Gefühle speichert. Aus Neurotransmittern wurden kleine Schiffe und aus Nervenrezeptoren kleine Häfen.

Alles zusammen ergab das Betriebssystem unseres Lebens, Handelns und Fühlens, dessen Programmiersprache mit unserem Vorstellungsvermögen zu tun hat, denn es sind innere Bilder, mit denen tiefenpsychologische Therapien das Unterbewusstsein gezielt umprogrammieren, updaten oder vollkommen neue Programme ins System einspielen.

Binnen einer halben Stunde hatte ich nicht nur die vollkommene Aufmerksamkeit und Faszination aller Ehemänner gewonnen, ich hatte auch das Prinzip unserer Gefühlswelt erfolgreich vermitteln können. Die Ehemänner waren wach, interessiert und nickten hier und da zustimmend.

Wie gut konnte ich nun mit dieser Gruppe arbeiten! Die investierten Minuten waren schnell aufgeholt und ich hatte vom ersten Moment an alle im Team: Alles, was nun folgte, war ja mehr oder weniger das Einspielen innerer Bilder in das menschliche Computersystem. Diese Arbeit war nun Heilung, die umso wirkungsvoller war, weil alle definitiv verstanden, wozu die einzelnen Übungen, Prozesse oder Gedanken stattfanden.

Die Männer wie auch die Frauen behielten dieses Wissen, hatten das Modell dauerhaft in sich aufgenommen und berichteten mir in der Zeit nach dem Seminar per E-Mail von ihren weiteren Erlebnissen und Erfolgen mit der Arbeit an ihren Gefühlen.

Und auch ich behielt etwas: Ich behielt das Modell, welches ich damals so spontan am Flipchart entwickelt hatte. Immer wieder gab es in meinem Leben Situationen, in denen ich es zu Hilfe nahm. Und immer wieder brachte die Kenntnis dieses Systems der Gefühle meinen Patienten eine regelrechte Kompetenz für den Umgang mit den eigenen Gefühlen.

Mir wurde dadurch immer klarer: Der Nutzen dieses Systems der Gefühle und der damit zu gewinnenden Erkenntnisse ist keineswegs auf den Kinderwunsch begrenzt. Die hier erzielten Erfolge sind auf alle anderen Lebensbereiche übertragbar. Die Heilung der Gefühle ist nämlich allgemeingültig. Sie ist die Basis allen Heilens. Aus diesem Grund können wir sie bei allen Problemen in unserem Leben anwenden, auch bei der Glücksfindung. Daher stammen auch die Beispiele in diesem Buch aus allen möglichen Lebensbereichen und sind nicht auf den Kinderwunsch beschränkt.

Diese Heilung geschieht in Etappen. Es ist eine Selbstheilung, da wir selbst sie initiieren. Das ist möglich und es ist denkbar einfach: Durch die Programmiersprache der inneren Bilder können wir direkt auf die Festplatte des Unterbewusstseins zugreifen und hier etwas zum

Guten verändern. Durch diesen Prozess erfährt ein Gefühl um das andere eine präzise Heilung, vollzieht einen Schritt nach dem anderen in eine neue Situation, die immer besser ist, als es die Situation davor noch gewesen war. Eine solche Heilung ist wahrhaftig und sie ist von Dauer. Und: Sie führt immer zum Glück!

Glücklichsein, wie die Kinder es sind, macht uns zu Glückskindern, für die das Leben wieder mehr Qualität bietet als alles andere vermeintliche Glück. Dieses Glücklichsein geschieht niemals von außen, etwa durch einen Lottogewinn oder einen üppigen Kontostand. Glücklichsein ist eine Gefühlshaltung, die uns allen innewohnt, ein Zustand, den aber viele von uns verlassen haben, warum auch immer. Aber wir können ihn wiederfinden.

Niemand sonst ist für unser Glück verantwortlich, außer wir selbst. Es ist eine Heilung, die sich innen vollzieht, sie ist eine innere Selbsthilfe und diese ist eine Hinbewegung zum Glück, die an jedem Tag unseres Lebens ein klein wenig stattfinden kann. Wenn wir es denn wollen. Und wenn wir wissen, wie es geht.

Ich verspreche Ihnen: Es geht leicht, es geht schnell und es ist äußerst wirkungsvoll. Und es geht nur mit Humor!

Das Werkzeug dafür sind Sie selbst. Wie Sie lernen können, es erfolgreich anzuwenden, verrate ich Ihnen in diesem Buch.

Begeben Sie sich also gerne auf den Weg zum Glück. Machen Sie zuerst sich selbst glücklich und dann die

Menschen um sich herum, Ihre Familie und vor allem: Ihre Kinder, damit sie von vornherein Glückskinder bleiben können.

Viel Glück wünscht Ihnen

Ihre Birgit Zart

1. Kapitel

Was wir meinen, wenn wir behaupten, glücklich zu sein

Viele von uns verstehen unter Glück eine Situation, in der uns etwas Gutes und Positives widerfahren ist. *Ob* eine Situation oder der Ausgang einer erlebten Situation nun aber als glücklich zu bezeichnen ist oder nicht, entscheidet immer nur derjenige, der diese bewertet. Deshalb will es uns nicht gelingen, Glück klar zu definieren – ganz abgesehen davon, dass dies auch kaum möglich ist. Denn Glück ist keine mathematische Gleichung, es ist keine physikalische Einheit, ja, Glück ist nicht einmal ein wissenschaftlicher Begriff. Glück ist nichts weiter als eine Empfindung. Ob wir es empfinden oder nicht, ist eine Frage unserer Sichtweise.

Stellen Sie sich vor, Sie wären gestürzt und hätten sich das Knie aufgeschrammt. War das nun Pech? Oder war es Glück im Unglück, denn schließlich hätte auch Schlimmeres passieren können?

Ist die gescheiterte Beziehung ein Grund, sich wie ein Mauerblümchen zu verkriechen, oder eröffnet sie die Chance, endlich Mr. Right zu finden?

Wenn ich andauernd Lotto spiele, ohne etwas zu gewinnen, werde ich dann von einer Pechsträhne verfolgt? Oder hatte meine Nachbarin Glück, weil sie vier Richtige hatte?

Solange Menschen unterschiedlich empfinden, werden sie bei derartigen Fragen zu verschiedenen Antworten kommen. Es ist diese längst überstrapazierte »Das Glas ist halb voll oder halb leer«-Entscheidung. Sie lässt uns zwar die Wahl, hilft uns aber nicht wirklich weiter. Wir können das Glück also tatsächlich nicht definieren, denn Glück zu empfinden oder nicht ist in erster Linie eine persönliche Einschätzung.

Wenn wir also an unserer Glücksschraube drehen möchten, um unser persönliches Glück zu mehren, ist es kaum sinnvoll, uns dabei auf unsere äußere Umgebung zu konzentrieren. Eine neue Tapete im Schlafzimmer wird uns vermutlich erfreuen. Gegen eine innere Unzufriedenheit vermag sie jedoch nichts auszurichten.

Es wird uns auch nicht weiterbringen, uns über unglückliche Umstände zu beklagen, besonders dann nicht, wenn wir sie ohnehin nicht ändern können. Ob wir also in einem Verkehrsstau ungeduldig, verärgert und gestresst vor uns hin fluchen oder aber diese Stauzeit als eine unverhoffte Gelegenheit sehen, uns zurückzulehnen und bei schöner Musik entspannt ein kleines Extra-Frühstück zu genießen: Wie wir den Stau empfinden, liegt immer ganz bei uns selbst.

Sehr beliebt ist es vor allem, sich Ziele des Glücks in die Zukunft zu setzen. Vielleicht sparen wir Kapital für ein kleines Häuschen an und vergessen dabei, uns ebenso liebevoll um unsere kleine Wohnung zu kümmern, wie wir es später mit unserem Häuschen tun würden. Wir bestellen uns ein neues Auto und ehren ab sofort unseren treuen Altwagen nicht mehr. Wir nehmen den täglichen beruflichen Stress in Kauf in der Aussicht auf einen entspannten Jahresurlaub. Oder wir sehnen uns so sehr nach einem Baby, dass wir auf dem Weg zum Kind die kleinen täglichen Glücksmomente nicht mehr wahrnehmen können. Sie alle werden verschoben auf später. Ohne es zu merken, haben wir dabei unsere Glückserwartung einfach in die Zukunft verschoben und enthalten sie dadurch der Gegenwart. So empfinden wir nur schwerlich Glück. So halten wir nur durch, bis später einmal bessere Zeiten kommen. Glücklichere Zeiten. Vielleicht.

Vielleicht aber auch nicht. Denn wer es nicht gewohnt ist, sein Glück zu erkennen, wenn es sich denn zeigt, der neigt immer auch dazu, es zu übersehen. Es ist tatsächlich so, als wäre man aus dem Training oder als hätte man eine bestimmte Brille einfach verlegt. So kann es geschehen, dass uns das Glück auf den Kopf fällt: Dann leben wir vielleicht längst in unserem schnuckeligen Häuschen mit unserer lang ersehnten Kinderschar, doch die lange Strecke innerlicher Unzufriedenheit hat ihre Spuren in uns hinterlassen und wir haben womöglich verlernt, dieses Glück auch mit jeder Faser unseres Seins zu empfinden. Oder unser Jahresurlaub kann das Maß an Erwartungen gar nicht mehr erfüllen und wir bemängeln die Pension, das Essen und das Wetter.

Um Glück wieder in unser Leben zurückzuholen, müssen wir es in die Gegenwart integrieren. In unseren Alltag, denn der ist alles, was wir haben. Er ist es, der unser Leben überhaupt ausmacht und damit auch all unser Glück.

Dafür gibt es nur eine Möglichkeit: An uns selbst zu arbeiten. Das mag nach einer Binsenweisheit klingen, die wir nicht mehr hören können. Und es scheint ein vergebliches Unterfangen zu sein, ausgerechnet *die* Dinge in unserem Leben, die uns schon lange unglücklich machen, endlich ändern zu wollen. Die Welt der Bücher und Ratgeber ist voll von Patentrezepten, die uns Glück versprechen sollen. Sie empfehlen Lebensweisheiten, die uns wie Litaneien vorgebetet werden à la »Wie man in den Wald hineinruft, so schallt es heraus«, bis hin zu angeblich glücksfördernden Lebensgewohnheiten wie täglich eine Stunde joggen oder zwei Stunden Zen-Meditation. Ja, wir sind so verrückt und suchen Glück und Unglück auch in Kontoständen und Diäten. Manche von uns essen jeden Abend zwei Kartoffeln, um Körper und Seele zu entsäuern, andere verzichten auf Fleisch, weil es aggressiv machen soll. Und so mancher von uns möchte gern daran glauben, dass ein kleiner Edelstein im Portmonee unsere Finanzen verbessern wird. Solange es uns nicht schadet, können wir es ja ausprobieren.

Aber schadet uns das wirklich nicht? Auf den ersten Blick ganz sicher *nicht*. Was soll denn schon passieren, wenn ich allabendlich eine *Kartoffel esse*? Nichts, würde man denken. Doch ganz so ist es nicht. Denn solange ich hoffe, dass die Kartoffel dafür sorgt, dass ich nicht mehr sauer auf irgendjemanden oder irgendetwas bin, kümmere ich mich selbst nicht mehr darum, dass das so ist. Das Problem ist also nicht die Kartoffel. Das Problem liegt in der Unterlassung. Um genauer zu sein: Es liegt darin, dass ich die Verantwortung für mein Glück delegiere. An meinen Chef, an meinen Mann, an mein Wunschkind, an einen kleinen Glücksstein – oder an eine Kartoffel.

Das Tragische daran ist, dass wir dadurch die Chance verlieren, endlich wieder zu lernen, wie wir glücklich sein können. Auf diese Weise werden wir niemals Schöpfer unseres eigenen Glücks. Halten wir an dieser Stelle fest: Glück ist ein Geschenk, das wir uns selbst machen können.

Sehnsucht nach Glück

Vermutlich wird niemand der Behauptung widersprechen, dass jeder Mensch nach dem absoluten Glück strebt. Doch entspricht das der Wahrheit? Suchen wir tatsächlich fortwährend den emotionalen Zustand eines Glücksempfindens? Oder könnte es sein, dass die scheinbar verworrenen Wege zum Glück bisweilen in die Irre führen?

An dieser Stelle ist es sinnvoll, die von uns gewohnten Wege einmal genauer anzuschauen und unsere Glücksziele zu überprüfen. Und wie immer beginnen die tief liegenden Grundlagen in uns in der Vergangenheit und zu Beginn unseres Lebens:

Als wir Kinder waren, wollten wir zunächst einmal groß werden, um die scheinbaren Freiheiten und Privilegien zu genießen, die uns das Erwachsensein verhieß. Auch unsere Eltern schienen dies als Ziel vor Augen gehabt zu haben, denn sie verstärkten unser Streben mit Lob und Anerkennung, wenn wir Fortschritte machten: »Ach, bist du aber groß geworden.« An dieses vermeintliche Kompliment kann sich vermutlich jeder von uns erinnern.

Mit den Jahren wünschten wir uns das allerneueste Spielzeug, möglichst lange Ferien, hitzefrei und eine ordentliche Taschengelderhöhung. Das ist eine Liste unerfüllter Wünsche, deren mögliche Erfüllung stets in der

Zukunft lag. Das Dumme daran war nur, dass sie uns vom Glück und der Zufriedenheit des Augenblicks weglockten.

Später waren wir bemüht, unsere Eltern mit guten Noten in der Schule erfreuen zu können. Wer von uns erinnert sich nicht an das erhebende Gefühl, mit dem wir zuhause verkünden konnten: »Ich habe in der Klassenarbeit eine Eins bekommen!«? Der elterliche Stolz war uns so manche Mühe wert. Ihre Anerkennung gab uns das Gefühl, wertvoll und besonders zu sein.

Zu diesem Zeitpunkt waren unsere Weichen ins *vermeintliche* Glück längst gestellt. Unser emotionaler Haushalt, unser seelisches Wohlbefinden war durch die positive Resonanz unserer Umgebung bestimmt. Es waren die verlockenden Fallen des scheinbaren Glücks, in die wir hineingerieten: Unser Glück war außen zu finden! Und einmal auf den Geschmack gekommen, wollten wir immer mehr davon. Ohne es zu merken, hatten wir statt des Glücks eine kleine Ersatzbefriedigung gefunden und sie zum Teil unserer Glücksstrategie gemacht. Auf diesem Weg sind wir dann weiter fortgeschritten.

Es ist erstaunlich, jedes Jahr zu erleben, wie hunderttausende Jugendliche zu einem Wettbewerb der Bewerbungen um Ausbildungsplätze, Studienplätze oder Praktika antreten. Nicht nach den wirklichen Talenten und Herzenswünschen, sondern je nachdem, wie Pädagogen Leistungen zuvor bewerteten, machen sie sich auf den Weg mit einem Zeugnis ihrer abgelieferten Gesamtleistungen, das sie mit einem Numerus clausus entweder gut oder aber gar nicht ausstattet. Und je näher der Spätsommer rückt, in dem alle ihre neuen Lebensetappen beginnen sollen, desto höher ist der Druck, noch möglichst gut unterzukommen, desto höher sind die Abstriche an den eigentlichen Berufstraum und die Aussicht eines wirklich glücklichen Arbeitsalltags, desto höher die Kompromissbereitschaft, Hoffnungen, Träume und Talente fahren zu lassen.

Auf diesem Holzweg kommen wir uns selbst und damit unserem Glück abhanden. Juristisch betrachtet ist es eine äußerst wichtige Angelegenheit, über etwas ein Zeugnis abzulegen. Wenn wir als Zeuge auftreten, ist vor allem unsere Integrität und Unbestechlichkeit gefragt. Wer Zeugnis ablegt, muss die Wahrheit sagen, stimmt's? Doch welche Wahrheiten fanden wir in unseren Schulzeugnissen? Gar keine. Denn auf unseren Zeugnissen steht nicht: »Das Kind ist im Biologieunterricht immer besonders glücklich, es liebt die Tiere, und im Sport hat es das Talent, andere Kinder durch häufige Ballabgaben während des Turniers glücklich zu machen.« Da steht nicht: »Du bist der Sozialarbeiter der ganzen Oberstufe. Daher ist es nicht schlimm, dass du in Physik nicht so gut aufpasst.« Und da steht auch nicht: »Wir ziehen den Hut vor dir, weil du trotz der zerrütteten Ehe deiner Eltern und trotz der relativen Verwahrlosung innerhalb deiner Familie deinen Mitschülern ein erstaunlich guter

Freund geworden bist und sich ein jeder auf dich verlassen kann.«

Wie gern würde ich den Kindern unserer Gesellschaft Zeugnisse ganz anderer Art überreichen, Zeugnisse, in denen sie sich wiederfinden können und die ihnen helfen, einen glücklichen nächsten Schritt in ihr Leben gelingend zu gestalten. Verzeihen Sie mir bitte diese kleine Träumerei.

Und wenn unsere Schulzeit dann endlich vorbei ist, werden wir weiterbewertet – vom Konzern, vom Chef, von den Kollegen, von uns selbst. Es ist vollbracht: Wir sind auf einem lebenslangen Holzweg angekommen. Wenn wir uns anstrengen, verdienen wir mit unserer Arbeit gutes Geld. Wenn wir uns weiter anstrengen, kaufen wir uns vielleicht ein Haus und machen weitere Anschaffungen, bis wir unter den finanziellen monatlichen Belastungen fast zusammenbrechen.

Zugegeben: Es ist ein schönes Gefühl, ein Haus besitzen zu dürfen. Es macht Spaß, in ein Traumauto zu steigen, und ein Fernseherlebnis wird mit einem Soundsystem noch besser. Ein gewisser materieller Standard erhöht die Lebensqualität, nicht aber das Glück. Verhielte es sich so, dann würden wir den ganzen Tag nicht mehr aus dem Strahlen herauskommen, wären wir allesamt sahneschleckende Kätzchen, die dieses Glück, diese komplette innere Zufriedenheit weltumarmend in uns trügen. Was wir aber nicht tun. Im Gegenteil: Viel zu oft ertragen wir die Umstände unserer großen und kleinen Lebensqualitäten. Die monatlichen Raten für unser Häuschen lesen sich im Kontoauszug wie eine Vermisstenmeldung, während man sich fragt, wie viel Monat am Ende des Geldes noch übrig ist. Unser makelloses Traumauto hat seine erste Schramme bekommen. Getrübtes Glück? Und je mehr wir besitzen, um unseren Lebensstandard zu erhöhen, desto unfreier werden wir. Wir sitzen dann buchstäblich eingesperrt zwischen den Dingen, für die wir eine Verantwortung übernommen haben. Schließlich müssen sie geputzt, gepflegt, repariert und gelegentlich erneuert werden. An dieser Stelle sollte man sich die Frage stellen: Wer hat hier eigentlich wen gekauft?

Wenn ein gehobener Lebensstandard also nicht unbedingt zufriedener macht, sondern im Gegenteil auch noch Stress erzeugt, dann stellt sich die Frage nach dem Glück umso dringlicher. Ist es tatsächlich möglich, dass alle Menschen nach Glück streben, ohne es dauerhaft zu finden? Eigentlich doch nicht. Aber wo sind dann die glücklichen Menschen, die in einem lebenslangen Happy End schwelgen? Gibt es nur einen einzigen Menschen, der von seinem ersten bis zu seinem letzten Atemzug durchweg glücklich ist? Ganz ehrlich – ich kenne keinen, weder arm noch reich, ich kenne niemanden.

Glücksmomente

Sind wir also alle nur erfolglose Goldgräber in puncto Glück? Nein, das kann man so nicht sagen. Finder sind wir schon. Glück offenbart sich uns in vielen Situationen. Im Leben eines jeden Menschen gibt es unzählige Momente wahren Glücks, welches wir aber nicht als einen Dauerzustand erleben, sondern immer nur in kurzen Episoden. Doch wann und wo finden diese statt, und wovon sind sie abhängig?

Wenn ich über eigene Glücksmomente nachdenke, fallen mir durchweg Ausnahmesituationen ein, Höhepunkte in meinem Leben und Momente, die ich als Auszeit vom Alltag empfand: Frischverliebte Schmusemomente, das Ankommen am Meer zu Urlaubsbeginn, die unglaubliche, jede Zelle meines Körpers durchdringende Freude über die Geburt meiner Kinder. Mir fielen zunächst noch viel mehr Situationen ein, doch bei genauerer Betrachtung handelte es sich bei diesen nicht so sehr um das Glück an sich als um andere positive Gefühle, die Erleichterung beispielsweise, als ich meine Berufszulassung endlich ausgehändigt bekam, die Freude, die ich als Kind über die vielen Weihnachtsgeschenke empfand, oder die Selbstzufriedenheit, wenn im März in meinem Garten die ersten zarten Pflänzchen aus dem Boden wachsen und meine Saat aufzugehen beginnt. Solche Situationen bringen uns dem Glück sehr nahe, doch sie *sind* nicht das Glück. Dies sollten wir nicht verwechseln.

Diese Situationen sind immer nur Chancen, Glück zu empfinden.

Wir sind nämlich frei zu entscheiden, ob wir die Chance, in einem besonderen Moment Glück zu empfinden, wahrnehmen oder nicht, ob wir innehalten und dieses Glück mit jeder Zelle wahrnehmen oder ob wir durch diese Situation wahrnehmungsarm hindurchflitzen.

Nahe am Glück sind wir also auf jeden Fall, jeder für sich, große und kleine Glücksfinder. Denn wir alle haben die Erfahrung gemacht, in bestimmten Momenten wirklich glücklich gewesen zu sein, wir haben erlebt, dass wir Glück wirklich wahrnehmen können.

Die wirklichen Glücksmomente sind zwar selten und vergänglich, doch wir erinnern sie zeitlebens. Offenbar haben sie die Eigenschaft, sich so tief in uns zu verankern, dass wir uns unbewusst auf eine dauerhafte Suche nach weiteren solcher wunderbaren Glücksmomente begeben. Und sie haben ein besonderes Kennzeichen: Sie sind begleitet von einem wohligen, kuscheligen Gänsehautgefühl.

Was ist die Ursache für unser starkes Glückssehnen? Weshalb wollen wir so gerne glücklich sein, dass wir bereit sind, uns von einem Scheinglück in das nächste zu bewegen, quasi als vorläufigen Ersatz für das »große

Glück«? Das wäre, als würden wir in Aussicht auf ein Candle-Light-Dinner die ganze Zeit Kaugummi kauen. Dieses in uns wohnende Streben nach den Momenten des Glücks muss offenbar tief in uns verankert sein, wenn es unser Denken, Fühlen und Handeln so sehr bestimmt.

Und genau so verhält es sich. Zustände des Glücks sind uns eingeprägt. Das geschah zu einer Zeit, in der Prägungen im verhaltensbiologischen Sinne am meisten stattfinden, nämlich in der Phase, als wir noch Babys waren. Und denken Sie nun bitte nicht, das läge nur daran, dass wir, als wir noch so klein waren, die Sorgen des Alltags noch nicht kannten, es keine Kontostände gab und wir unser Essen nicht selbst verdienen und zubereiten mussten.

Babys sind aus einem ganz anderen Grund glücklich. Um dies genauer zu verstehen, können wir uns einfach einmal vorstellen, wie es wohl wäre, wieder ein Baby zu sein.

Stellen wir uns vor, wir würden immer kleiner werden. Wir befinden uns in den Armen unserer Mama, ohne zu wissen, was eine Mama überhaupt ist. Unser kleiner Verstand weiß diese Dinge noch nicht: Was ist hier was, was bedeutet was und was ist wie viel wert?

Wir können unsere Mama jedoch fühlen. Allein zu lernen, dass sie immer da ist, gibt uns das Gefühl von Sicherheit. *Unsere Mama schützt uns.*

Hunger empfinden wir ebenfalls noch nicht bewusst. Wenn dieser sich einstellt, verspüren wir Unruhe und nach gewisser Zeit auch ein wenig Angst. Doch wir haben – und das dürfte für eine gewisse Zeit unseres Lebens einzigartig sein – die Gewissheit, dass ganz ohne Worte und wie durch Zaubersprache unsere Mama zu jedem Zeitpunkt *weiß*, wie es uns geht und was wir benötigen. *Unsere Mama versteht uns.*

Sie wird uns stillen. *Unsere Mama nährt uns.*

Während sie das tut, baden wir in diesem Gefühl des absoluten Geliebtseins. *Unsere Mama liebt uns*, und wir lernen dadurch, uns selbst zu lieben.

In diesem Moment können wir noch nichts und niemanden bewerten. Unsere Mama lehrt uns, dass Glück *wertfrei* ist.

Und während unser kleiner Hunger gestillt wird, ist es, als wäre in diesem Moment die Zeit angehalten, als gäbe es kein Gestern und kein Morgen. Es existiert nur das *Hier und Jetzt*. Es gibt nur dieses absolute Gefühl von Glückseligkeit, das so unglaublich schön ist, dass wir eine solche Situation unser ganzes Leben lang wieder suchen werden.

Gefühle ordnen sich wie Perlen auf einer Kette

In der Hypnosetherapie ist es durchaus üblich, Menschen in längst vergangene Situationen zurückzuführen. Besonders dann, wenn gute und brauchbare emotionale Programme, die in der frühen Kindheit angelegt wurden, den Menschen im späteren Verlauf ihres Lebens bei der Bewältigung von Problemen und Konflikten helfen können.

Das Wiederfinden solcher Gefühlsmuster unterstützt eine Heilung sehr wirkungsvoll. Andersherum ist es auch möglich, tief in uns verankerte Muster, die einer emotionalen Verarbeitung von Problemen eher schaden, als sozusagen nicht gelungene Muster aufzufinden und zu korrigieren.

Ich wende die Hypnosetherapie und das Arbeiten mit inneren Bildern in meiner Praxis erfolgreich an, sowohl um der Ursache einer Kinderlosigkeit auf die Spur zu kommen als auch um anderen Problemen im Leben auf den Grund zu gehen. In einem Zustand tiefer Entspannung ist es meinen Patienten dann möglich, sich an frühere Erlebnisse zu erinnern, die oftmals so weit zurückliegen, dass man eigentlich keine Erinnerungen daran haben kann. Diese Erlebnisse sind nicht im Verstand gespeichert, sondern in dem umfassenderen Erinnerungsvermögen unseres Unterbewusstseins. Ist ein Mensch sehr entspannt, dann hat er einen leichteren Zugang zu seinem Unterbewusstsein. Dies machen sich Therapien zu Nutze, die in Tiefenentspannung arbeiten, die Hypnose ist nur eine von ihnen.

Häufig begleitet man Menschen dann während ihrer Entspannung zurück zu ihren unbewussten Erinnerungen. Das ist ein wenig unkorrekt formuliert, da das Unterbewusstsein ja gar keine Zeit kennt. Besser könnte man sagen, die Menschen begeben sich nochmals in bestimmte Situationen. Dort angekommen, scheinen sich ganze Erinnerungsdateien zu einem bestimmten Thema zu öffnen. Leidet ein Mensch beispielsweise in Stresssituationen an Bauchschmerzen, dann schaut man sich dieses Symptom an, um danach in der unterbewussten Erinnerung nach weiteren Situationen zu suchen, in denen der Bauch bei Stress wehtat. Nach kurzer Zeit hat man Zugang zu allen wichtigen Erlebnissen, die mit Bauchschmerzen bei Stress einhergingen. Schließlich findet man dann vermutlich eine sehr frühe Kindheitserinnerung, die der Auslöser für diese Schmerzsituation war. Man könnte fast sagen, die Erinnerungen ähnlicher Themen reihen sich dann aneinander, so als würde man Perlen auf eine Kette fädeln. Gelangt man an die erste Perle, also die den chronischen Schmerz auslösende Situation, dann ist es, als würde das Unterbewusstsein neuerlich prüfend diese Situation nun ganz anders einordnen, es ist dann, als »verstünde« es, welcher Mechanismus irrtümlicherweise in Gang gesetzt wurde. Es ändert dann das Ablage-system für genau dieses Gefühl und integriert dann diese Erfahrung neu. Von da an bleibt der Schmerz bei Stress aus.

Die jeweils erste aller Perlen »erschafft« also eine neue Halskette. Wir Menschen besitzen unzählige solcher Halsketten. Die meisten von ihnen sind sehr nützliche und in der Empfindung angenehme Ketten, wie die Erin-nerungen an das Gefühl, »wohlig satt zu sein« oder »ent-spannt und ausgeschlafen«. Andere Ketten sind nützlich, aber weniger angenehm. Denken Sie beispielsweise da-ran, wie wir lernten, uns vor Verbrennungen zu schüt-zen. Irgendwann in unserem Leben haben wir als Kind vielleicht ein Frühstücksei angefasst und, erschrocken vor der intensiven Hitze, das Händchen wieder zurück-gezogen. Das mag eine erste kleine Perle gewesen sein, zu der sich im Laufe unseres Lebens weitere Perlen ge-sellt haben: Denn ein andermal sind wir vielleicht einer Ofenklappe zu nahe gekommen, und wieder ein ander-mal war es der heiße Wasserdampf beim Nudelkochen, der uns beinahe den Arm verbrüht hätte. Dass wir in ei-ner solchen Situation den Arm dann blitzschnell vor der Hitze zurückziehen, verdanken wir der Perlenkette, die einst durch das Erlebnis mit dem Frühstücksei zu unse-rem Schutz angelegt wurde, dem sich im weiteren Ver-lauf unseres Lebens andere ähnliche Erfahrungen hinzu-gesellt haben. Wir können an diesem Beispiel sehen, dass unser Unterbewusstsein eine eigene Systematik besitzt, um Erfahrungen zu speichern – und das Bewahren und Ordnen dieser Erfahrungen ist durchaus sinnvoll.

Es gibt auch Perlenketten besonders schöner Erinnerungen. Denken Sie gerne einfach mal an einen »Urlaub«. Sobald Ihr Verstand sich damit einverstanden erklärt hat, dies zu tun, dürften für eine kurze Zeit allerlei Urlaubsbilder vor Ihrem inneren Auge vorbeiziehen. Gewiss, die meisten »Urlaubsdateien« haben wir auch in unserem Verstand gespeichert. Doch zu ihnen gelangen wir über andere Wege, sie rufen wir gezielt auf, indem wir beispielsweise fragen: »Wohin reiste ich vor drei Jahren im Sommer?« Je abstrakter wir aber Erinnerungen abrufen, desto wahrscheinlicher ist es, dass unser Unterbewusstsein uns seine Daten verstärkt hinzuliefert. Denken wir also einfach »Urlaub«, dann laufen die Bilder in einem Zeitraffer an unserem inneren Auge vorbei. Allmählich werden sie langsamer an uns vorbeiziehen, dann sehen wir nur noch wenige Bilder, um dann bei einem angenehmen Bild stehen zu bleiben. Dies geschieht in einem enormen Tempo, oft so schnell, dass es uns bisher gar nicht aufgefallen ist, was in einem solchen Fall genauer in uns vor sich geht – denn das Unterbewusstsein arbeitet um ein Vielfaches schneller als unser Verstand.

Wenn Ihr Unterbewusstsein sich nun für ein schönes Urlaubsbild entschieden hat, dann wird es dieses schließlich auf Ihrer inneren Kinoleinwand »stehen lassen«.

Vielleicht sitzen Sie gerade bei einem guten Glas Wein am Strand und sehen dem Sonnenuntergang zu? Da das Bild stehen bleibt, können Sie es auf sich wirken lassen. Nun können Sie sich genauer erinnern. Und noch etwas wird passieren: Sie können ein Stück weit dieses angenehme und entspannte Gefühl aus Ihrem Urlaubserlebnis wieder in sich aufkommen spüren. Nur unser Unterbewusstsein ist in der Lage, Gefühle zu erinnern. Unser Verstand würde dazu sagen, es irrt sich, denn das Urlaubsgefühl ist doch schon lange passé. Aus »Sicht« des Unterbewusstseins ist dieser Effekt aber vollkommen stimmig, denn schließlich *kennt* es keine Zeit. Es denkt wie ein Baby: Es kennt auch keine Vergangenheit und keine Zukunft, es arbeitet, denkt und fühlt immer hier und jetzt.

Deshalb können wir daraus schließen: Sobald sich zu unseren Erinnerungen eine Gefühlsempfindung gesellt, ist das Tor zu unserem Unterbewusstsein sehr weit geöffnet.

Die Kenntnis um das Funktionieren unseres Unterbewusstseins, das stets wie eine parallele Festplatte zu unserem Verstand mitläuft, ist Grundlage zahlreicher Therapieformen, unter anderem auch meiner Arbeit mit den inneren Bildern. Diese tun im Grunde genommen nichts weiter, als einige Dateien oder »Perlen«, falls sie denn nicht korrekt abgelegt worden sind, in einem geeigneteren Ordner oder einer passenderen Perlenkette abzulegen. Wir Menschen tun dies auch von ganz allein, beispielsweise wenn wir träumen oder meditieren. Kleine Kinder tun dies unentwegt, sie können sich den ganzen Tag lang zwischen ihren Traumwelten und der Realität hin- und herbewegen, dabei überprüfen und ordnen sie unentwegt ihre kleinen Dateien und Perlen. Je weniger diese Kinder sich auf den Holzweg der Scheinglücklichkeiten begeben haben, desto mehr ist ihr angeborenes Talent erhalten, das Gefühl wahren Glücks immer wieder zu suchen und auch zu finden. Je jünger die Kinder sind, desto besser sind sie noch in der Lage, Perlenketten vieler Glücksmomente anzulegen. Man sagt, dass sie dieses Talent im Alter von fünf bis sieben Jahren allmählich verlieren.

Ein Punkt absoluter Glückseligkeit

Als Homöopathin und Hypnosetherapeutin arbeite ich in einer Praxis bei Berlin. Viele meiner Patienten sind von großen Ängsten geplagt. Sie fühlen sich gehetzt im Leben oder sind sehr erschöpft, unglücklich und traurig. Manche sind sogar hoffnungslos. Um hier schnell und wirkungsvoll eine Hilfe zu bieten, unterstützen wir sie dabei, salopp gesagt, ihre Dateien besser zu ordnen.

Heilung bedeutet immer auch, sich dem Glück wieder ein Stückchen anzunähern und es wiederzufinden, also

Perlenketten in positiven Zusammensetzungen neu auf-
zufädeln, um in unserem Bild zu bleiben. Dabei erleben
wir häufig, dass oftmals kleine Kurskorrekturen eine
große Wirkung im Glücksempfinden, aber auch in einer
Heilung generell haben können. Das folgende Beispiel
kann uns dies vielleicht verdeutlichen:

Eines Tages arbeitete ich mit einer Patientin, die sich für
eine »schlechte Mutter« hielt. Das war natürlich nur ihre
subjektive Wahrnehmung. Doch sie quälte sich mit einem schlechten Gewissen ihrem Kind gegenüber. Sie
hatte große Angst, wie ihre eigene Mutter zu sein, die sie
für schlecht hielt. Um jeden Preis wollte sie vermeiden,
dass sich ihr eigenes Kind in derselben unglücklichen Situation befand wie sie damals.
   Ich schlug ihr eine Entspannungstherapie vor, und sie
willigte ein. Ich bat sie, eine Situation zu erinnern, in der
sie, aus ihrer Sicht, gemein zu ihrer Tochter war. Eine
Erinnerung stellte sich sofort ein: Ihrer Tochter war eine
Tasse heruntergefallen, und anstatt sie zu trösten und ihr
zu sagen, dass das jedem einmal passieren kann, hatte
meine Patientin schon mit ihr geschimpft. Anschließend
war sie weinend ins Bad gelaufen, weil sie sich wegen ihrer unkontrollierten Reaktion ihrer Tochter gegenüber
schämte.
   Ich bat sie, mir ihr Gefühl zu beschreiben. »Ich bin so
wütend auf mich«, antwortete sie mir. Ich fragte sie, wo-
nach ihr nun sei, was sie gerne tun wolle. »Ich möchte

mich am liebsten selbst ohrfeigen«, sagte sie. Wir taten genau dies – in ihrer Fantasie verpasste sie sich eine heftige Ohrfeige. Ich wartete ab und fragte dann erneut nach ihrem Gefühl. »Die Wut ist nicht mehr so stark«, meinte sie. »Doch ich verspüre immer noch so viele Aggressionen, dass ich weiterschlagen möchte. Eigentlich möchte ich jetzt meiner Mutter eine reinhauen, denn von ihr habe ich diesen Mist ja schließlich.« Also verprügelte sie nun ihre Mutter – natürlich nur in ihrer Vorstellung, aber dort sehr ausgiebig. Sie stand nun gewissermaßen auf einer Theaterbühne ihrer inneren Welt, in ihrem Privatkino, und mit jedem Schlag, den sie verteilte, schien sie befreiter zu sein, wobei ihre Wut etwas nachließ. Ich war von der Intensität ihrer Gefühle beeindruckt, während ich an den Satz denken musste: »Alles, was draußen ist, kann innen keinen Schaden mehr anrichten.« Als sie fertig war, war ihre Wut verschwunden und sie selbst wirkte sehr erschöpft. »Wie fühlst du dich jetzt?«, fragte ich erneut. »Einsam«, antwortete sie mir, »sehr einsam. Ich schäme mich, meine Mutter so heftig geschlagen zu haben. Andererseits tat es gut, mich abreagieren zu können. Doch nun fühle ich mich, als sei ich ein kleines Kind und unglaublich weit entfernt von meiner Mama.« – »Hast du Sehnsucht nach deiner Mama?«, fragte ich. Sie nickte. »Möchtest du auf ihren Arm?«, fügte ich hinzu. Wieder nickte sie.

Ich wartete ab. Als sie sich in ihrer Fantasie in den Armen ihrer Mutter befand, begann sie zu weinen. Es waren aber keine Tränen der Erleichterung, wie ich erwartet hätte, sondern Tränen der Verzweiflung. Sie hätte gern Liebe oder Schutz in den Armen ihrer Mutter gespürt, doch da war nichts. »Gut«, sagte ich, »dann geh zu ganz frühen Zeitpunkten in deinem Leben zurück, suche in deinen Erinnerungen nach Situationen, in denen du Liebe von deiner Mutter bekommen hast.«

Meine Patientin machte sich nun auf eine erstaunliche Reise. Es war, als würde sie nun Perle für Perle einer Kette »auffädeln« und sie nacheinander erleben. Sie erlebte sich als Kleinkind, als Baby, ja sogar als Neugeborenes. Mit jeder weiteren Erinnerung konnte sie ein wenig mehr die Liebe ihrer Mutter spüren, doch aus ihrer Sicht war dies für eine Mutterliebe ein viel zu schwaches Signal. »Da müsste viel mehr sein«, sagte sie. Da sie selbst Mutter war, hatte sie ihre eigenen Maßstäbe. Sie suchte also weiter, wobei sie spürte, wie die Liebe immer größer wurde, je weiter sie in die Vergangenheit reiste.

Sie erlebte sich im Bauch ihrer Mutter, als diese mit ihr schwanger ging. Auch hier war sie nicht so recht zufrieden. Sie empfand zwar ein Gefühl des Beschütztseins, doch dies genügte ihr nicht. Sie suchte weiter und wurde schließlich fündig. Sie beschrieb mir das wunderschöne ozeanische Gefühl, das sie als Ungeborenes hatte, sie erlebte sich Purzelbäume schlagend und unbeschwert, und je weiter sie in der Schwangerschaft zurückging, desto weniger fand sie es störend, dass von ihrer Mutter so wenig Liebe zu fließen schien.

Dann schien sie den Mutterleib zu verlassen, und mir war zunächst nicht klar, »wo« sie sich nun befand, aber es schien der richtige Ort für sie zu sein, denn nun flossen endlich Tränen der Erleichterung und der Rührung, die eine Heilung fast immer in dem Augenblick begleiten, in dem sie sich vollzieht. Nach kurzer Zeit waren es Tränen des Glücks.

Ich fragte sie, wo sie denn nun sei. Sie sagte, das wisse sie auch nicht, aber sie sei so glücklich wie noch nie zuvor in ihrem Leben.

Es war ein schöner Augenblick, und ich gönnte ihr dieses Glück von ganzem Herzen. Ich ließ sie dort lange verweilen, um den Heilungsprozess nicht vorzeitig abzubrechen. Ihr Gesicht strahlte so sehr, während weiterhin die Tränen liefen, und es war für mich eine große Freude, sie in diesem Zustand zu betrachten.

»Ich befinde mich am Punkt der absoluten Glückseligkeit«, sagte sie nach einer Weile. »Ich habe überhaupt nichts Körperliches. Ich bin einfach nur ein winziger Punkt in einem kleinen Kreis. Ich denke nicht, ich fühle keinen Körper, ich fühle nur meine Gegenwart. Ich weiß nur: Ich *bin*! Und alles, was ich fühlen kann, ist Glück. Glück in einer Ausschließlichkeit und einem Ausmaß, wie ich es mir nie hatte vorstellen können.«

Davon hatte ich bis zu diesem Moment noch nichts gehört. Also fragte ich sie, wo der Punkt der absoluten Glückseligkeit sich denn befände. »Es ist der Augenblick unmittelbar während meiner Empfängnis«, erzählte sie mir. »Meine Eltern und ich haben gerade eine Übereinkunft getroffen. Ich habe mich damit einverstanden erklärt, ohne Vater groß zu werden. Ich bin ihm einfach nur dankbar, dass er mir mein Leben schenkt. Es ist eine tiefe und ehrliche Dankbarkeit. Das habe ich bisher noch nie so gesehen, doch nun kann ich diese Dankbarkeit mit meinem ganzen Herzen wirklich empfinden. Meine Mutter ist sehr schwach. Ihr fehlt der Mut, ein Kind großzuziehen. Sie hat Angst vor Verantwortung und noch größere Angst, alles falsch zu machen. Ihre größte Angst ist es, eine schlechte Mutter zu sein, wie ihre eigene Mutter es war. Es hilft mir nun, dass ich diese Angst nur zu gut kenne, denn es ist auch meine Angst. Ich tröste meine Mutter also. Ich sage ihr, dass ich weiß, wie es sich anfühlt, eine Rabenmutter zu sein. Ich erkläre ihr, dass wohl jede Mutter damit rechnen muss, mehr oder weniger eine Rabenmutter zu sein. Es gibt einfach keine perfekte Mutter. Ich glaube, ich erkläre mir das selbst auch gerade. Meiner Mutter versichere ich nun, dass ich weiß, was mich erwartet, dass ich weiß, dass es nicht sehr viel Liebe ist, die sie mir zur Verfügung stellen kann, dass mir dieses relativ geringe Maß an Liebe aber dennoch ausreicht, um zu diesem Leben aus vollem Herzen ›Ja‹ zu sagen. Ich erkläre mich einverstanden!«

Das war meine erste Begegnung mit dem Punkt der absoluten Glückseligkeit. Später habe ich bei Bedarf auch andere Menschen dorthin begleitet, und sie alle haben auf die eine oder andere Weise eine ähnliche Erinnerung daran in sich finden können.

Meine Patientin hatte sich erfolgreich mit ihrer Mutter aussöhnen können. Später schrieb sie mir, dass diese innere Reise ihr Leben enorm verändert hätte. Die Wut auf sich selbst und auf ihre Mutter und ihre Tochter sei wie weggeblasen. Stattdessen habe sie das Glück in ihrem Alltag wiedergefunden.

Von allen glücklichen Situationen, die ich innerhalb meiner Arbeit erleben durfte, war dies die allerglücklichste. Gewiss ist es eine außergewöhnliche Situation, doch ich wollte sie Ihnen auf keinen Fall vorenthalten. Die Vorstellung, dass es einen solchen Punkt der absoluten Glückseligkeit geben könnte und dass wir nicht nur in den Armen unserer Mütter unser größtes Glück erfahren, sondern vielleicht schon viel früher und vor allem viel intensiver, macht Hoffnung darauf, dass in jedem von uns schon dort eine wunderschöne allererste Glücksperle angelegt wurde, aus der längst eine Perlenkette geworden ist.

Die Glücksformel

Als Baby in den Armen unserer Mutter oder sogar noch früher sind wir also dem Glück wirklich schon sehr nahe gekommen. Wir können mit Sicherheit davon ausgehen, dass unsere stärksten und beeindruckendsten Glücksmomente ganz am Anfang unseres Lebens stattgefunden haben. Dadurch haben wir maßgeblich gelernt, Glück zu empfinden, und tragen die Sehnsucht nach weiterem Glück in uns. Und durch diese Sehnsucht entsteht auch das Bedürfnis, die Menschen, die wir lieben, ebenfalls glücklich zu machen.

Hier wird noch einmal sehr deutlich, wie unantastbar unser ureigenstes Glück ist – unabhängig von Schulleistungen, Berufserfolgen, Sonne, Strand, Geliebten und Traumauto. Die Umstände unserer erlebten wahrhaftigen und in der Tiefe erfahrenen Glücksmomente sind vollkommen anderer Natur. Sie kommen den Umständen unserer ersten Lebenswochen näher als allen anderen Umständen unseres weiteren Lebens. Bleiben wir daher beim Beispiel des Babys in den Armen der Mutter, und fassen wir diese Umstände zusammen:

Liebe:
Wir wurden einst bedingungslos geliebt und lernten so, uns selbst zu lieben.

Gänsehaut:
Dieser Zustand rief ein körperliches Wohlgefühl in uns hervor. »Gänsehaut« hatten wir es genannt. Wir lernten, Glück zu empfinden, welches sogar körperlich wahrgenommen werden kann. Ein Gefühl, welches wir wiedererkennen, wenn wir es einmal empfunden haben.

Ohne Zeit:
Wir verspürten kein Zeitgefühl. Das bedeutet, wir dachten an nichts, was vorher war und was später kommen könnte. Für Babys gibt es keine Zeit. Wir lernten, innezuhalten und unsere Aufmerksamkeit auf den jeweiligen Augenblick zu richten.

Ohne Bewertung:
Wir wussten nicht um die Bedeutung der Dinge um uns herum, deshalb konnten wir sie auch nicht bewerten. Deshalb tragen wir die Fähigkeit, bewertungsfrei sein zu können, tief in uns.

Wir waren also fähig, eines zu tun:
Den Augenblick zu empfinden, und zwar positiv und vertrauensvoll.

Offensichtlich scheint die Sache mit dem Glück ganz einfach zu sein: Wir müssen nur die Zeit anhalten, unseren Verstand ausschalten, damit wir nicht bewerten, und uns dann daran erinnern, wie sehr wir uns einst geliebt fühlten – so lange, bis wir dies auch körperlich empfinden können. So finden wir die Liebe zu uns selbst und somit die Liebe für die Menschen und Dinge wieder, die uns umgeben. Ja, ich scherze hier ein wenig, denn während ich dies schreibe, muss ich allein schon bei dem Gedanken schmunzeln: Wie kann nur etwas, nach dem wir uns so sehr sehnen und das wir nie bekommen, so furchtbar einfach und kompliziert zugleich sein?

Es erscheint einfach, weil wir mit unserem Verstand verstehen: Diese Glücksformel ist begreifbar und vor allem überschaubar. Schwer scheint es, diese Formel dann aber in die Realität umzusetzen.

Und es ist tatsächlich so: Unser Verstand *kann* diese Formel nicht umsetzen. Dies ist nur dem Unterbewusstsein möglich. Und genau das erscheint uns so schwierig.

Sie ahnen sicherlich, was jetzt kommt: Um unser Glücksempfinden zu verändern, es zu verstärken, benötigen wir unser Unterbewusstsein. Es muss in diesem Fall mitmachen. Und dazu müssen wir es bewegen.

Wenn es uns gelingt, tief in unserer Erinnerung nach diesen unseren ersten Glücksempfindungen zu suchen, wenn wir uns nur schemenhaft wieder annähern können an den Beginn unseres Lebens und das Wohlgefühl in den Armen unserer Mutter, dann rufen wir damit die Erinnerung an ein reines Glück nicht nur wieder hervor, sondern wir initiieren damit eine Korrektur der in uns gespeicherten Gefühlsdaten.

Und ich kann an dieser Stelle nur vermuten, was jetzt in Ihnen vorgehen mag: Viele kleine Hindernisse mögen sich hier melden, alteingesessene Gedanken, wie » Na, prima, dann geht jetzt das ganze Esoterik-Getue los mit Mond-Yoga, Tarotkarten und Räucherkerzen«.

Ich verspreche Ihnen, dass das nicht so ist. Denn genau diese Vorbehalte hatten ja auch die Männer in meinen Kinderwunsch-Seminaren, von denen ich Ihnen im Vorwort schon erzählt habe. Aber auch sie waren schnell vom Gegenteil und von der Wirksamkeit der Arbeit mit dem Unterbewusstsein überzeugt.

Es gibt heutzutage viele Möglichkeiten, in das Unterbewusstsein einzugreifen und dadurch die Gefühlsempfindung nachhaltig zu verbessern, ohne dass dies gleich ein esoterischer Schnickschnack sein muss. Im Gegenteil: Man kann hier durchaus mit den Füßen auf dem Boden bleiben. Die Voraussetzung ist, dass man einige wesentliche Dinge über das Funktionieren des Unterbewusstseins versteht.

Die Wissenschaft ist unentwegt dabei, das Unterbewusstsein zu verstehen, während die Werbung es permanent manipuliert. Das ist eine schlichte Tatsache. Es geschieht aber deshalb, weil es so *einfach* ist.

Lassen Sie uns an dieser Stelle auf dem Teppich bleiben und uns anschauen, wie das Unterbewusstsein wirklich funktioniert. Erst dann sollten wir entscheiden, ob wir in diesem Spielchen nicht selbst aktiv mitmischen.

Und so verhält es sich auch mit unseren Gefühlen. Sobald wir verstehen, wie wir sie ordnen, wo wir sie hintun, wann und wie wir sie abrufen und zum Einsatz bringen, dann ergibt es sich von selbst, mit welch einfachen Mitteln wir auch hier selbst eingreifen können und auch sollten.

Jetzt müssen wir sie nur noch finden, nicht wahr? Also machen wir uns auf den Weg!

2. Kapitel

Glücklichsein lernen ist (k)eine Kunst

Vorab eine beruhigende Nachricht: Es ist nicht notwendig, dass wir unser ganzes Leben auf den Kopf stellen oder ein umfassendes mentales Trainingsprogramm absolvieren, um unser Leben glücklicher zu gestalten. Lassen Sie sich da bitte keinen Bären aufbinden. Es ist ein Weg der kleinen Schritte, und sobald »es« erst einmal da ist, wächst es ganz von selbst in uns heran, so wie vieles in unserem Leben. Als wir Lesen lernten, hat man uns am ersten Schultag ja auch nicht die deutschen Klassiker in die Hand gedrückt. Wir lernten nach und nach jeden einzelnen Buchstaben des Alphabets. Diejenigen, die gut Differenzialrechnung beherrschen, mögen sich auch hier an den Lernprozess erinnern: Alles begann mit einer einzigen Zahl.

Alle komplexeren Dinge, die wir gelernt haben, begannen mit einem kleinen Puzzlestein. Mit dem Glück verhält es sich nicht anders. *Ob* ich lernen möchte, glücklich zu sein, ist eine reine Entscheidungsfrage, und jeder Mensch ist vollkommen frei, sich zu entscheiden. *Wenn* ich aber entschlossen bin zu lernen, werde ich im Kleinen beginnen.

Je nach unserer inneren Einstellung und Verfassung empfinden wir Glück, manchmal mehr und manchmal weniger. Den meisten Menschen fällt es leicht, sich bei einem nächtlichen Strandlagerfeuer mit einem guten Freund oder Partner glücklich zu fühlen. Das ist schon viel schwieriger, wenn man unter Zeitdruck im Stau steht. Aber auch das ist möglich.

Pater Anselm Grün formulierte dies in einem Vortrag sinngemäß so: »Die Menschen beklagen sich darüber, dass sie nicht glücklich seien. Dabei rennt das Glück den Menschen doch ständig hinterher. Sie müssten einfach nur innehalten und könnten sofort des Glückes gewahr werden. Stattdessen laufen sie dem Glück davon.«

Damit trifft er den Nagel auf den Kopf. Unser Alltag steckt tatsächlich voller potenzieller Glücksmomente. Nur leider haben wir nicht die richtige Brille auf, sie zu sehen. So entsteht das Gefühl, vom Glück verlassen zu sein.

Um all diese potenziellen Glücksmomente auch zu finden und für uns zu nutzen, müssen wir zunächst einmal die grundlegende Funktionsweise unseres Unterbewusstseins verstehen und begreifen, wie einfach und präzise unsere Gefühlswelt tatsächlich funktioniert.

Kraftwerk Unterbewusstsein

Wann immer Gefühle in uns wirken, ist dies eine Angelegenheit des Unterbewusstseins. Unser Verstand *kann* Gefühle schlichtweg nicht managen, sondern er bewertet sie nur. Zur näheren Erläuterung ein Beispiel: Wenn wir uns vornehmen, keine Angst mehr zu haben, nie wieder neidisch oder verliebt zu sein, dann ist dies nichts weiter als ein Versuch unseres Verstandes, unsere Gefühle zu unterdrücken, einzusperren oder in eine bestimmte Richtung zu zwingen. Das ist nicht nur äußerst anstrengend, sondern führt auch zu nichts.

Unsere Gefühle unterliegen vollkommen anderen Gesetzmäßigkeiten als unser Wissen, und sie haben einen gänzlich anderen Ursprung. In meiner täglichen Arbeit erlebe ich ständig, wie Menschen mit einer enormen Kraftanstrengung bemüht sind, ihre Gefühle zu ändern oder zu heilen. Es ist schade um die Kraft, die sie dafür pausenlos investieren müssen, denn diese fehlt dann bei der Meisterung der Alltagsaufgaben. Darüber hinaus spürt man eine wachsende Frustration, die sich stets dann einstellt, wenn etwas nicht funktionieren will.

So mag es sein, dass der Stress im Beruf einfach nicht nachlässt, obwohl man schon lange dringend Ruhe benötigt. So mag es sein, dass sich ein Traumpartner nicht finden lässt, obwohl man zu lange schon alleine ist. Und so mag es sein, dass ein Kinderwunsch sich nicht erfüllt, obwohl die Sehnsucht nach einem Baby schon so lange da ist.

So warten wir auf das Glück durch die Veränderung äußerer Umstände. Das funktioniert nicht, und das frustriert. Schlimmer noch: Es erschöpft uns, weil wir während der ganzen Zeit unsere wahren Gefühle unterdrücken.

Es geht jetzt vor allem darum, diesen Teufelskreislauf zu durchbrechen, damit wir zur Ruhe kommen und wieder Kraft schöpfen können. Sollten auch Sie zu den Menschen gehören, die versuchen, ihre Gefühle zu unterdrücken, egal welcher Art, dann würde ich mir an dieser Stelle für Sie wünschen, dass Sie ganz einfach einmal versuchten, von dieser Bemühung eine Auszeit zu nehmen. Sie müssen diese Angewohnheit ja nicht gleich gänzlich aufgeben. Nehmen Sie doch einfach »Urlaub« davon, beispielsweise so lange, bis Sie die nächsten Kapitel gelesen und verstanden haben, welche komfortablen und effizienten Möglichkeiten stattdessen für Sie bereitstehen und wie Sie sie ohne weiteren Aufwand problemlos anwenden und für sich nutzen können.

Viele Menschen glauben, sie müssten sich für die Veränderung der großen und wichtigen Dinge in ihrem Leben sehr anstrengen. Das ist ja auch eine Rezeptur, die oft stimmt: Beim Frühjahrsputz, beim Häuslebauen, beim Sparen oder in der Schule. Doch sind dies alles Angelegenheiten des Verstandes. Glück jedoch ist ein Gefühl. Und unsere Gefühle werden nicht vom Verstand verwaltet, sondern von einer Größe, die wie eine parallele Festplatte zum Verstand in uns mitläuft und pausenlos wirkt: unser Unterbewusstsein.

Die Hardware

In uns wirken also zwei große »Rechenzentralen«: das Bewusstsein und das Unterbewusstsein. In unserem Bewusstsein speichern wir unser Wissen und unsere Erinnerungen ab, dort finden wir auch unsere Kenntnisse in Algebra und Grammatik wieder. Das Bewusstsein ist das, was wir als unseren Verstand begreifen. Das Unterbewusstsein ist eine andere Festplatte in uns, die stets parallel zum Bewusstsein läuft. Diese zweite Festplatte ist um ein Vielfaches größer, und Wissenschaftler schätzen, dass sie 400 bis 2000 Mal schneller läuft als unsere erste Festplatte, der Verstand.

Stellen Sie sich beispielsweise vor, Sie müssten die Kommaregeln, die Sie einst in der Schule lernten, aufsagen. Die Regeln selbst werden Sie in Ihrer ersten, kleineren Festplatte wiederfinden – dem Verstand. Dieser versteht sich ganz wunderbar darauf, Dinge auswendig aufzusagen!

Doch während Sie im Geiste, also mit dem Verstand die Kommaregeln von einst wiederholen, vollzieht sich synchron in Ihrer Wahrnehmung sehr viel mehr, denn Ihr Unterbewusstsein bestückt sie regelrecht mit zusätzlichen Daten, die es dieser augenblicklichen Situation zuordnet: In einem enormen Tempo laufen Bilder in Ihnen ab. Vermutlich werden es solche aus der Schulzeit sein, von schönen und weniger schönen Momenten. Es sind Bilder aus Ihrer Kindheit, ein ultrakurzer Spot aus einem Urlaub, danach ein Bild aus dem Klassenzimmer, in dem Sie standen und die Kommaregeln aufsagten, ein anderes Bild, in dem Sie etwas vortragen wollten, was Ihnen jedoch nicht gelang. Dies alles vollzieht sich in Bruchteilen von Sekunden, genau in dem Moment, in dem Ihr Verstand die Kommaregeln abruft.

Die Gedankengeschwindigkeit, mit der unser Unterbewusstsein arbeitet, ist so hoch, dass unser Verstand nicht mithalten kann. Das ist nur dann möglich, wenn das Unterbewusstsein das Tempo herausnimmt, also die Geschwindigkeit drosselt oder kurz anhält und eine einzige Information für wenigstens eine halbe Sekunde an unseren Verstand sendet. Das ist beispielsweise in Momenten äußerster Entspannung der Fall.

Doch zurück zu unserem Beispiel: Während also unser Verstand seine Datenbestände nach den Kommaregeln durchsucht, tut unser Unterbewusstsein dies ebenfalls. Es arbeitet hundert- oder tausendfach schneller und beliefert unsere Erinnerungen mit Daten, die es parallel zu unserem Wissen gespeichert hat. Das sind die bereits erwähnten Bildersequenzen. Doch es wird noch spannender: Zusätzlich zu jedem einzelnen Bild, welches uns das Unterbewusstsein zu jeder Erinnerung präsentiert, liefert es uns auch das damals empfundene Gefühl, das es abgespeichert hat.

Wenn Sie meine Beschreibung der parallelen Bilderlieferung vom Unterbewusstsein an den Verstand vermutlich noch halbwegs nachvollziehen konnten (einfach deshalb, weil sie uns manchmal bewusst wird), dann ist die Tatsache, dass unser Unterbewusstsein zu jedem Bild auch ein Gefühl gespeichert hat, den meisten Menschen nicht unbedingt bewusst.

Das liegt daran, dass der Verstand Gefühle im Grunde genommen nicht wirklich kennt. Er kann sie zwar benennen oder über sie philosophieren, doch nicht empfinden.

Für die Empfindung eines Gefühls sind Zellen in unserem ganzen Körper zuständig.

Der Weg, den ein inneres Bild benötigt, um vom Unterbewusstsein ins Bewusstsein zu gelangen, führt über chemische Prozesse und ist vergleichsweise gravierend kürzer als der umgekehrte Weg, das heißt, als es ein Gefühl benötigt, um von den Körperzellen wahrgenommen zu werden. Hierfür sind chemische Abläufe notwendig, die eine gewisse Zeit benötigen. Wir nehmen sie also nur dann wahr, wenn wir innehalten und auf die Gefühle bewusst achten. Dazu später mehr.

Halten wir also zunächst fest:

- *Unser Denken, Fühlen und Handeln stammt immer sowohl aus dem Bewusstsein als auch dem Unterbewusstsein.*
- *Bewusstsein und Unterbewusstsein laufen wie parallele Festplatten, immer zeitgleich und am gleichen Thema arbeitend.*
- *Das Unterbewusstsein unterstützt das Bewusstsein. Es stellt dem Bewusstsein seine gesamten Daten zur Verfügung.*
- *Es arbeitet dem Verstand permanent zu.*
- *Das Unterbewusstsein arbeitet in einem rasanten Tempo. Das muss es auch, denn die jeweiligen Parallelinformationen zu unserem Verstand, also unserem Wissen, übersteigen die reinen Informationen um ein Vielfaches.*
- *Das Unterbewusstsein arbeitet in zwei Datenformaten: in Bildern und in Gefühlen. Andere Formate kennt es nicht.*
- *Die Bilder können wir wahrnehmen, wenn wir sie lange genug »anschauen«.*
- *Es gelingt uns im Alltag eher selten, die mit den Bildern verknüpften Emotionen bewusst wahrzunehmen, weil dieser Vorgang in der Relation zur Gedankengeschwindigkeit zu lange dauert.*

Das Betriebssystem

Bill Gates würde vermutlich vor Neid erblassen, wenn er wüsste, dass es ein Betriebssystem gibt, welches niemals neu geschrieben werden muss. Ein Betriebssystem, welches für einen Affen ebenso passt wie für einen Albert Einstein, welches seit Anbeginn der Menschheit genauso funktioniert, wie es geschaffen wurde, eines, das fehlerfrei läuft, sich selbst updatet und repariert, eines, welches sogar lernfähig ist, also intelligent! Er würde nur nicht reich damit werden, denn jeder Mensch ist von Geburt an mit einem solchen Betriebssystem ausgestattet und benötigt Zeit seines Lebens nur dieses eine: Es ist das Betriebssystem des Lebens, das sich permanent selbst repariert und sich neue Updates schafft. Es ist selbsterhaltend!

Dieses Betriebssystem, das wir alle besitzen, ist in der Tat ein Wunderwerk. Vermutlich begreifen wir bis heute nur zu einem geringen Teil, wie es funktioniert. Einen weit größeren Teil kann man allerdings durch Schlussfolgerung verstehen: Es wirkt – also *muss* es da sein!

In dieser respektvollen Haltung gegenüber einem solchen Naturwunder würde ich gerne verbleiben und aus ihr heraus beschreiben, was wir darüber heute wissen. Ich möchte dies am durchaus passenden Beispiel eines unglaublich leistungsfähigen Großrechners erläutern.

Erfahrungen werden
pausenlos gesammelt

Jeder Mensch sammelt unentwegt Erfahrungen. Wie er zu diesen gekommen ist, ist dabei vollkommen unerheblich. Es sind aber nicht nur unsere eigenen Erlebnisse, die zu unseren Erfahrungen führen, sondern wir machen diese auch durch das direkte und indirekte Miterleben der Erfahrungen anderer Menschen, beispielsweise durch Empathie, also das Einfühlen in andere, das Lesen der Zeitung, das Betrachten fremder Handlungen, das Sehen von Filmberichten und sogar durch verbale Verständigung, wie das Hören fremder Erfahrungen. Unser Unterbewusstsein unterscheidet hier nicht zwischen eigener und fremder Erfahrung, und dank des Wissensdurstes des Lebens können wir diese sogar im Kino sammeln, während wir zahlreichen Erfahrungen fremder Personen via Leinwand zuschauen oder allein durch unser Mitgefühl mit den Erfahrungen und Schicksalen anderer Menschen in unserer Umgebung. Durch Zuschauen oder durch unsere Fähigkeit zur Empathie werden in unserem Gehirn exakt die gleichen Zellen aktiv, als würden wir selbst handeln oder aktiv in einer Situation stecken.

Alle Erfahrungen werden gespeichert und in Ordnern abgelegt – pausenlos und ohne Ausnahme. Wieder einmal dürfte hier deutlich werden, mit welcher Geschwindigkeit unser Unterbewusstsein arbeitet, und dabei finden sogar Input und Output unserer parallelen Festplatten gleichzeitig statt.

Unser Wissen wird in Dateien und Ordnern gespeichert

Von unserem ersten Atemzug an – und vielleicht schon viel früher – legt unser Großrechner für jede Erfahrung, jedes Wissen und jedes Gefühl Dateien an. Ähnlich wie bei einem Computer verwaltet unser Betriebssystem diese unendlich große Anzahl von Dateien – und zwar mehrfach. Es strukturiert all diese Dateien und legt sie in verschiedene Ordner ab. Innerhalb eines solchen Ordners verbinden sich unsere Dateien, die in ihrer Struktur mit der Anordnung von Perlen auf einer Kette sehr ähnlich sind, wie wir schon erfahren haben.

Das Ablageprinzip – Glücksordner und Pechordner

Während der permanenten Datenablage unserer Erfahrungen entstehen auf diese Weise Ordner, deren einzelne Dateien die Tendenz haben, mit glücklichen Gefühlen bestückt zu sein, und andere Ordner, deren begleitende Gefühle man eher als unglücklich bezeichnen könnte. Ob nun die Tendenz »Glück« oder »Pech« aller Dateien in einem der Ordner vorherrscht, unterliegt zunächst einmal dem, was wir für ein Zufallsprinzip halten können. Zunächst aber sollten wir uns anschauen, wie die Ablage der Dateien funktioniert und nach welchen Prinzipien dies geschieht:

Nehmen wir als Beispiel einen Verkehrsstau, in den Sie unverhofft geraten.

Einen Verkehrstau darf man an sich zunächst einmal als eine neutrale Situation bezeichnen, jedenfalls im Sinne einer Erfahrung, die wir machen und die unser Betriebssystem kurz darauf abspeichern wird.

Der Stau ist zuallererst eine Erfahrung, die als Datei abzulegen ist. Passenderweise in einem Stau-Ordner. Darüber hinaus legt unser Betriebssystem diese Erfahrung noch in andere Ordner ab, zu denen es mögliche emotionale Übereinstimmungen findet.

Es stellt sich nun die Frage, in welchem Ordner unser Unterbewusstsein sie ablegen wird. Im Augenblick eines jeden Speichervorganges stehen tatsächlich unendlich viele passende Ordner zur Verfügung, und tatsächlich werden die meisten Erfahrungen auch in mehreren Ordnern gleichzeitig abgelegt werden. Doch es ist an dieser Stelle nicht notwendig und vermutlich auch gar nicht möglich, diesen Vorgang vollständig zu erfassen. Wir spielen deshalb an dieser Stelle eine Minimalversion durch und fragen uns beispielsweise nur, ob unser Betriebssystem die Erfahrung «Verkehrsstau« in einem Ordner speichern wird, in dem wir schon viele glückliche Erfahrungen »abgelegt« haben oder viele unglückliche.

Diese Entscheidung hängt davon ab, von welchem persönlichen Gefühl unsere aktuelle Erfahrung im Verkehrsstau begleitet wird. Sitzen wir ungeduldig und übellaunig im Auto, fluchen wir vor uns hin, sagen wir vielleicht auch nur: »So ein Pech aber auch!«, dann wird diese Erfahrung in einem »Pechordner« abgelegt werden. Gleichzeitig wird diese Datei auch in weiteren Ordnern abgespeichert, die folgende Namen tragen können: »Schlechte Laune-Ordner«, »Fluch-Ordner«, »Autofahrer-Order«, »Termindruck-Ordner«, »Großstadt-Ordner«.

Unsere Dateien werden aber nicht nur thematisch, sondern auch emotional bereits vorhandenen Ordnern zugeordnet. Vermutlich haben die meisten Menschen einen Ordner für »Verkehrsstau« angelegt, doch es gibt auch noch Ablagemöglichkeiten für die damit verknüpften Emotionen. Diese könnten beispielsweise heißen: »Stress-Ordner«, »Ungedulds-Ordner«, »Zorn-Ordner« oder sogar »Endlich eine Pause-Ordner«.

Je nachdem, mit welchen Gefühlen wir eine Erfahrung verknüpfen, werden die zusätzlichen emotionalen Ordner bestimmt, in denen diese Erfahrung ebenfalls abgelegt wird. Auch dort befinden sich fast immer bereits andere abgelegte Erfahrungsdateien, und unsere aktuelle Datei reiht sich in sie ein wie die schon erwähnte Perle in der Kette.

Wenn Sie das nächste Mal im Stau stehen, könnten Sie gerne einmal versuchen, einfach innezuhalten. Fühlen Sie, dass Sie die kurze, unerwartete Pause hier im Stau ja eigentlich ganz gut gebrauchen können, es tut gut, kurz einmal zu entspannen. Stellen Sie sich vor, dass jeder verpasste oder ausgefallene Termin ja immer auch eine geschenkte Zeit für Sie ganz persönlich ist. Vielleicht haben Sie Glück und es läuft gute Musik im Radio, wenn nicht, dann suchen Sie sich eine aus. Stellen Sie sich vor, sie würden ein kleines Picknick veranstalten in Ihrem Auto mit allen nur vorstellbaren Köstlichkeiten.

Dies wäre ein erster kleiner Schritt in der Veränderung Ihrer Glückswahrnehmung. Sehr neu ist dieser Trick nicht und viele von Ihnen haben sicherlich schon davon gehört oder ihn schon einmal ausprobiert. Gedanklich ist es ein Spiel. Rein praktisch aber und in therapeutischer Hinsicht haben Sie Ihrer Perlenkette von Stauerlebnissen nun eine erste positive kleine Perle hinzugefügt. Dies hat eine klar definierte Folge: Wann immer Sie in Zukunft wieder in einem Stau landen und Ihr Unterbewusstsein Ihnen die gespeicherten Gefühle dazu liefern wird, dann ist ab sofort auch die kleine Perle des innegehaltenen *positiven* Gefühls dabei. Sie haben durch dieses Gedankenspiel Ihr Unterbewusstsein bereits ein wenig verändert, indem Sie eine neue Datei abgespeichert haben.

Sollte Ihr Stau ein wenig länger dauern, können Sie die Ihnen so geschenkte Zeit durchaus nutzen, um weitere kleine Perlen in Ihr Unterbewusstsein einzuschleusen.

Das Ablageprinzip – Glücksordner und Pechordner   65

Verwandeln Sie sich doch in Gedanken nur für zwei Minuten in ein Baby und lassen Sie Ihr Zeitempfinden los. Atmen Sie einmal tief durch und lehnen Sie sich zurück. Vergessen Sie die Dinge, die Sie ärgern, und versuchen Sie, die Welt mit den Augen eines Babys zu sehen. Babys freuen sich immer über alles. Ein Baby würde auch im Stau die bunten Lichter der Großstadt wundervoll finden. Es würde ganz unbedingt an den vielen Knöpfen am Armaturenbrett drehen wollen. Es würde seine Aufmerksamkeit gleichermaßen neugierig auf Sonnenstrahlen oder Regentropfen richten. Es würde dem Motor ebenso lauschen wie dem schönen Hupen anderer Fahrzeuge. Ein Baby interpretiert und bewertet nicht, sondern nimmt die Dinge um sich herum begeistert wahr.

Nach einem solchen Gedankenspiel hätten Sie eine »Babyperle« in Ihr Unterbewusstsein geschleust. Babyperlen helfen uns, Dinge wertfrei zu empfinden. Babys kennen keinen Terminkalender, sie schauen nicht auf die Uhr und sie sind frei von Absichten. Gelingt es uns, in bestimmte Perlenketten über Gedankenspiele Babyperlen hineinzumogeln, dann bleiben diese Perlen erhalten und helfen uns im nächsten Stau, unsere Pläne und Absichten schneller loszulassen und stattdessen den Moment ein wenig mehr genießen zu können.

Für den Stau hätte es schon genügt, kurz innezuhalten, um direkt auf Ihre Gefühle einzuwirken. Mehr braucht es eigentlich nicht. Die Babyperle wäre schon ein weiterer Schritt der Veränderung.

Für die Fortgeschrittenen und fantasievollen Abenteurer unter Ihnen verrate ich gerne noch einen weiteren Schritt. Dieser würde Ihre Stauperlenkette mit einer anderen Perlenkette Ihrer Wahl verbinden. Je positiver die Gefühle dieser anderen Perlenkette sind, desto positiver wirkt sich dies in Zukunft auf Ihr Stauerlebnis aus:

Nachdem Sie es sich im Stau gemütlich gemacht haben, lassen Sie Ihre Gedanken laufen. Suchen Sie mit Ihren »Glücksantennen« nach anderen Situationen in ihrem Leben, in denen Sie es sich ebenfalls gemütlich gemacht hatten, Momente, in denen es Ihnen gelang, sich glücklich zu fühlen. Vielleicht haben Sie schon einmal in einer Telefonzelle einfach nur einen heftigen Regenguss abgewartet und dabei fasziniert den Wassertropfen, die auf das Dach fallen, zugehört. Vielleicht kennen Sie das Gefühl, nach einer langen Skitour in einer warmen und ruhigen Berghütte anzukommen, in der ein gemütliches Feuer im Kamin brennt und köstliche Essensdüfte Ihre Nase verwöhnen. Oder Sie erinnern sich vielleicht daran, wie Sie als kleines Kind an einem Sonntagmorgen zu Mama und Papa ins Bett schlüpfen durften. Sie spüren, wie die Wärme, die Liebe und die Geborgenheit Sie umgeben?

Erstaunlicherweise entscheiden sich viele meiner Patienten in dieser Situation für ein sehr archetypisches Bild: Sie sitzen auf einem Hügel unter dem schützenden Blätterdach eines großen Baumes, an dessen Stamm sie sich lehnen. Sie schauen hinunter ins Tal und nehmen dabei viele Einzelheiten der Umgebung wahr. Die Farben der

Wiesen und des weiten Himmels, den Duft der Blumen, die Wärme der Sonnenstrahlen und die Geräusche des Windes und der Vögel.

Alles in allem sind dies Momente des vertrauensvollen und gemütlichen Innehaltens.

Lassen Sie diese vor Ihrem inneren Auge vorbeiziehen und suchen Sie sich den schönsten unter ihnen aus, egal wie lange dieser zurückliegt. Sobald Sie sich entschieden haben, lassen Sie sich gedanklich und emotional wieder auf diese Situation ein, um sie erneut zu erleben. Lassen Sie dieses zwar »alte«, doch von Ihnen eingesammelte Glück wieder auf sich wirken.

Mit ein wenig Übung werden Sie beobachten, wie sich das Bedürfnis einstellt, einmal tief ein- und auszuatmen, weil sich Ihr Körper auf der Stelle entspannt, wenn Ihre Laune sich beruhigt und verbessert. Lassen Sie sich tiefer in Ihren Autositz fallen und zaubern Sie ein kleines Lächeln auf Ihre Lippen.

Wenn Sie dieses kleine Gedankenspielchen auch nur einigermaßen gut hinbekommen haben, dann dürfen Sie sich gratulieren: Sie haben mit Ihrem ersten kleinen Puzzlestein schon enorm viel angefangen und für den Lernprozess in puncto Glück mehr getan, als Sie vermutlich ahnen. Sie haben mit Ihrem Puzzlestein »Innehalten« längst schon operiert:

Sie haben soeben mitten im Verkehrsstau eine Perlenkette glücklicher Momente in Ihrer Datenbank gefunden, diese betrachtet und aktualisiert und die aktuelle

Situation hier im Stau als eine weitere Perle an diese Kette angefügt.

Während dieser zwei Minuten, in denen Sie diese Situation gleichsam in einer Hollywood-Version durchgespielt haben, aus der Sicht eines fröhlichen Kindes und mit einem Happy End, haben Sie in Ihrem Unterbewusstsein bereits unzählige Prozesse in Bewegung gesetzt.

Denn in welchem Ordner wird nun unsere Erfahrung gespeichert werden, wenn wir entspannt sind und dieser Situation etwas Gutes abzugewinnen versuchen? Die Antwort ist einfach: Unsere Datei wird in einem Glücksordner untergebracht und parallel dazu in allen Ordnern, die unser Betriebssystem emotional adäquat findet: Vielleicht einem Entspannungs-Ordner, einem Musik-Ordner, einem Ordner des Lächelns, einem Ordner des Humors oder in einem ganz neu angelegten Ordner mit der Überschrift: »Schwein gehabt, weil Zeit und Pause geschenkt bekommen.«

Wir haben also einen enormen Einfluss auf die Entscheidung, ob eine Erfahrung von unserem Unterbewusstsein als Pech oder Glück gespeichert wird – nämlich durch unsere Gedanken, Gefühle und Bewertungen, die die Umstände begleiten. Doch sollte uns diese Tatsache nicht dazu verleiten, dass wir uns nun resigniert zurücklehnen, während wir denken: »Ja, es gibt eben Glückspilze und Pechvögel. Wer einen Stau als Glück empfindet, tickt ohnehin nicht ganz richtig. Als normaler Mensch kann man einen Stau schlichtweg nur als Pech bezeichnen.«

Wenn wir solche oder ähnliche Gedanken hegen, spricht der Verstand. An ihn richte ich daher meine folgende Aussage: Man darf die Gefühle, die mit einer Erfahrung einhergehen, auch frei erfinden. Unser Betriebssystem wird diese kleine Mogelei nicht bemerken. Es behandelt sie wie ganz normale Dateien und wird diese ganz brav auch in die kreativen Schummelordner ablegen.

Wie wir ins Ablageprinzip eingreifen können

Selbst wenn ich im Stau einfach nur Theater spiele und nicht im Geringsten daran glaube, dass es ein Glück sei, nur im Schritttempo vorwärtszukommen, dann wird dieses kleine gemogelte Theaterspiel der Emotionen dennoch ausreichen, damit unser Unterbewusstsein die ihm vorgespielten Gefühle als solche erkennt und aufgrund dessen in gänzlich andere Dateien ablegt, als es dieses ohne unsere kleine Inszenierung getan hätte. Kurz gesagt: Wir können das Unterbewusstsein täuschen!

Das dürfen wir uns jetzt auf der Zunge zergehen lassen. Seit weitaus mehr als 25 Jahren arbeite ich in der Tiefenpsychologie auf der Grundlage dieser einen kleinen Tatsache, und bis heute kann ich mich daran nicht sattfreuen.

Denn diese Tatsache ist der Einstieg in ein optimales und gelingendes Management der Gefühle. In meiner Praxis erlebe ich täglich, wie es funktioniert. Sei es, um auch den Weg zum Wunschkind wieder glücklich zu erleben, oder sei es, um Menschen aus Erschöpfungszuständen heraus zu begleiten.

Die äußerst populären Rettungstheorien des Gefühlslebens wie die guten Ratschläge »Lächeln Sie täglich nur zwei Minuten« und das Beispiel des doch immer halb gefüllten Glases – all dies basiert genau genommen nur auf der Tatsache, dass wir die Arbeitsstruktur unseres Betriebssystems kennen und unser Unterbewusstsein bemogeln dürfen. Es ist zu schade, dass viele Ratgeber diese kleine und doch so wesentliche Tatsache vergessen haben zu erwähnen. Mir ist es außerordentlich wichtig, dies zu formulieren, und ich wünsche mir, dass Sie es selbst einmal ausprobieren. Wir haben die Erlaubnis, unser Unterbewusstsein auszutricksen. Manchmal heiligt der Zweck eben die Mittel.

Nur so kann eine positivere Erfahrung des Lebens selbstständig und unabhängig von äußeren Umständen oder Bewertungen empfunden werden, der Weg ins Glück auf der Stelle angetreten werden: einerseits unspektakulär, ja fast banal – komfortabel und höchst effizient andererseits.

Die Programmiersprache des Unterbewusstseins

Jeder Mensch ist also frei, selbst zu entscheiden, ob er seine glücklichen Dateien mehr pflegt als seine unglücklichen, denn mogeln kann und darf in einem gewissem Maß jeder von uns.

Jeder Mensch kann sich also das Wissen aneignen, das nötig ist, um seine unbewussten Datenbanken zu manipulieren und damit gezielt in die Gefühlsverarbeitung einzugreifen.

Kaum einem Menschen jedoch gelingt es, dies dauerhaft zu tun. Denn nicht immer haben wir die Kraft, die Entschlossenheit oder die Zeit, das emotionale Einordnen unserer Erfahrungen zu steuern. Um hier gezielt Korrekturen vorzunehmen, bedarf es vorher oder gleichzeitig eigentlich nur unserer Entscheidung, in Zukunft hier und dort einmal eingreifen zu wollen.

Es genügt, wenn Sie sich hier und jetzt einfach vornehmen, in der nächsten, anscheinend unangenehmen Situation versuchsweise einmal einzugreifen. Und tun Sie das! Bemogeln Sie Ihr Unterbewusstsein und gaukeln Sie ihm ein positives Gefühl vor, indem Sie einfach an etwas Schönes denken. Ehe Sie es sich versehen, *haben* Sie schon eingegriffen und damit eine Kettenreaktion innerhalb Ihres emotionalen Ablagesystems ausgelöst. Von diesem Moment an ist Ihre emotionale Reaktion ebenso wie Ihre emotionale Wahrnehmung eine andere als noch kurz zuvor. Sie werden sehen, dass dies leicht zu bewerkstelligen ist. Es ist einfach und sollte Ihnen vor allem Spaß machen. Bleiben Sie humorvoll und lächeln Sie auch gerne dabei über sich selbst.

Nach nur kurzer Zeit werden Sie spielerisch in einige emotionale Ablageprozesse eingegriffen haben. Sie sind dann schon längst dabei, Ihre Gefühle zu verändern, und kommen somit dem Glück ein wenig näher.

Sollten Sie einmal zum Eingreifen keine Lust oder Gelegenheit haben, macht das nichts. Lächeln Sie weiter und nehmen Sie sich vor, diesen Eingriff in der nächsten Zeit nachzuholen.

Sie dürfen jetzt gleich gerne einmal auch über die Autorin schmunzeln, die genauestens weiß, was sie hier schreibt, die seit Jahren, um ihren Patienten zu helfen, erfolgreich zahlreiche Mogel-Dateien auf die verschiedensten parallelen Festplatten fabriziert hat. Ich verfolge dabei das Ziel, die Besitzer dieser Dateien dabei zu unterstützen, körperlich und seelisch wieder gesund zu werden. Doch auch mir selbst passieren immer noch »Ablage-Fehler«. Gerade ist Folgendes geschehen: Ich sitze an meiner Tastatur und versuche die vielen Gedankenstränge, die ich verfolge, klar und verständlich für dieses Buch zu strukturieren. Ich bin hoch konzentriert und durchforste gerade meine gesamten Dateien nach einem anschaulichen Beispiel für das Funktionieren der Datenablage unserer Erfahrungen. Plötzlich scheppert meine

Bürotür und mein jüngster Sohn stürzt in den Raum.

An der Tür meines Büros hängt ein Schild, auf dem steht: »Woman at work!«, welches jedem potenziellen Eindringling schon im Vorfeld vermittelt: »Bitte draußen bleiben!« Was ist also passiert? Anstatt mich immer und immer wieder an meinen wundervollen Kindern zu erfreuen, sie unentwegt in meine Glücksordner zu verfrachten, knurre ich kurz, senke den Kopf und setze mein Wer-stört-mich-hier-Gesicht auf. Mein Manöver gelingt, denn mein Jüngster macht auf dem Absatz kehrt und verschwindet. Doch welchen Unfug habe ich hier gerade gemacht, wider besseren Wissens?

Es ist der Unfug unseres alltäglichen Lebens. Auch von ihm schreibe ich, damit an dieser so wichtigen Stelle auch ein gesundes Maß der Dinge vorgegeben sei: Es ist nämlich keineswegs notwendig, ab sofort und für den gesamten Rest unseres Lebens sämtliche Ablagen unserer Erfahrungsdateien zu manipulieren. Absolut nicht. Es wäre ohnehin nicht zu schaffen. Zu vielfältig und vor allem zu schnell geschehen diese Vorgänge in uns.

Versuchen wir uns nur auszumalen, was für eine einschneidende Wirkung allein eine *einzige* durch uns veränderte Datenablage auf unsere ganze Festplatte haben könnte:

Bis vor Kurzem besaß vermutlich niemand von uns einen inneren Ordner, der eine Stau-Situation als eine glückliche Erfahrung abgespeichert hat. Während wir in unserem Beispiel eine solche Situation in Gedanken (denn wir haben sie ja nur gelesen oder in meinem Fall niedergeschrieben) als eine geheuchelte glückliche Erfahrung durchgespielt haben, haben wir eine vollkommen neue Erfahrung kreiert. Für diese neue Erfahrung musste unser Unterbewusstsein blitzschnell einen vollkommen neuen Ordner schreiben. Ist ein solcher Ordner erst einmal angelegt, wird unser Unterbewusstsein in Zukunft immer wieder überprüfen, ob es andere Dateien gibt, die es in diesen neuen Ordner schreiben soll.

Das hat Auswirkungen auf zukünftige Erfahrungen, denn das nächste Mal, wenn wir in einem Stau stecken, wird es versuchen herauszufinden, ob es diese Erfahrungen in den nagelneuen Ordner hineinschreiben darf. Dafür muss unser Unterbewusstsein diesen kurz öffnen, die darin bereits befindlichen Dateien einlesen und entscheiden, ob eine Datenablage an diesem Ort passend wäre oder nicht. Das bedeutet, dass wir beim nächsten Mal im Stau für einen kurzen Moment an die Erfahrung erinnert werden, die wir vor wenigen Minuten beim Lesen der Stau-Erfahrung in unserer Hollywood-Version gemacht haben. Während dieser Erinnerung werden für einen kurzen Augenblick innere Bilder in uns aufsteigen, die wir während des Lesens in uns aufgenommen haben. An diese Bilder sind immer auch bestimmte Gefühle gekoppelt. Diese wiederum werden jedoch nicht von unserem Bewusstsein, sondern von unzähligen intelligenten Zellen unseres ganzen Körpers wahrgenommen. *Sie* sind es, die nun zum Einsatz kommen und uns während unserer zukünftigen Stau-Erfahrung schon anders reagieren lassen als in vergangenen. Dazu später mehr.

Wir können davon ausgehen, dass wir uns im nächsten Stau nicht mehr in derselben Qualität werden ärgern können wie in der letzten. Unsere Gefühle dabei mögen ähnlich bleiben, obwohl es nicht mehr dieselben sind, denn unsere Erfahrung ist ja inzwischen emotional anders geordnet worden.

Sie können sich nun nicht mehr hundertprozentig ärgern, weil ein Teil Ihrer Stau-Erfahrung ja nun in einem Glücksordner abgelegt ist und daher positive Signale aussenden muss. Was haben Sie und ich nur angerichtet, indem wir einfach unsere Fantasie spielen ließen und unser Unterbewusstsein ein klein wenig bemogelt haben? Nehmen wir es doch mit Humor und zaubern wir beim nächsten Stau augenblicklich ein Lächeln auf unsere Lippen.

Wie wir unbrauchbare Ordner korrigieren können

Was sich in der Praxis grundsätzlich leicht umsetzen lässt, wie wir vorhin gesehen haben, ist in Wahrheit ein äußerst wirkungsvoller Eingriff in unsere Gefühlswelt. Jede Veränderung beginnt im Kleinen, wie ich schon anfangs des Buches erwähnte. Dies sollte das kleine Beispiel mit dem Verkehrsstau deutlich machen.

Die Tatsache, dass unser Unterbewusstsein manipulierbar ist, ist übrigens kein Grund, auf diese Erkenntnis möglicherweise ängstlich zu reagieren. Das tun wir uns lieber nicht an, nicht wahr? Einen solchen Dateiordner benötigen wir nicht. Verstehen wir lieber, dass derartige Mechanismen pausenlos in uns stattfinden, tagsüber und nachts, unser ganzes Leben lang. Verstehen wir, weshalb Werbung funktioniert und weshalb wir andauernd Dinge kaufen, die wir nicht benötigen, weshalb wir nach Dingen streben, die wir bei genauerer Betrachtung ja gar nicht für erstrebenswert halten. Schaffen wir uns dafür lieber einen Ordner für die »Faszination des Lebens« an.

Wenn wir darauf achteten, müssten wir zugeben, dass unsere Umgebung uns unaufhörlich Dateien schreiben lassen könnte, deren Inhalte im übertragenen Sinn eigentlich in einen Hollywoodfilm gehörten. Denn nur dort macht uns unser Eigenheim wirklich glücklich, weil darin unser Traumpartner schon wohnt und auch bleibt, nur dort sieht man in allen Lebenslagen atemberaubend attraktiv aus, nur dort ist der zuerst unterlegene Held am Ende stets der Sieger.

Es ist allgemein bekannt, dass die Werbung sich die Funktionsweise des Unterbewusstseins zu Nutze macht. Werbemanager wissen, dass wir für eine Erfahrung, für die zuvor noch kein Ordner existierte, immer automatisch einen neuen anlegen. Deshalb liefern sie uns gern »nie Dagewesenes« oder auch Unlogisches.

Wenn der Werbemanager einer Rasierklingenfirma also behauptet, diese Produkte wären für »das Beste im Mann«, dann war er klug beraten, denn mit diesem himmelschreienden Blödsinn konnte mit Sicherheit keine unserer bereits vorhandenen Erfahrungen in einen Zusammenhang gebracht werden. Mit Sicherheit wurden Millionen vollkommen neuer Dateien in die parallelen Festplatten deutscher Konsumenten geschrieben, die nun alle diese Rasierklinge kaufen müssen und sich mit ihrer Rasur glücklicher und männlicher fühlen als noch vor diesem Werbeslogan.

Es ist geschickt – und zeugt ebenfalls von der Kenntnis der Werbebranche über die Mechanismen des menschlichen Unterbewusstseins, ein Produkt mit einem Gefühl zu verbinden. So hat sich bei uns die »Dankeschön-Schokolade« etabliert ebenso wie flügelverleihende Erfrischungsgetränke.

Machen Sie sich gerne Ihre eigenen Gedanken darüber, auf welchen Holzwegen wir uns verirren können, weil unsere Erfahrungen und Gefühle manipulierbar sind. Diese Thematik ist so umfassend, dass sie ein anderes Buch füllen dürfte.

Lassen Sie uns derweil lieber darüber nachdenken, wie wir selbst an dieser Manipulation teilnehmen können, wie wir uns ein- und wie wir mitmischen können.

Für Korrekturen ist es nie zu spät

Immer wenn wir in unser emotionales Ablagesystem eingreifen, haben wir die Chance, unsere Gefühle in positiver Weise zu managen. Wir können sofort eingreifen, aber auch nach größeren Zeiträumen ist dies noch möglich. Die Tatsache, dass das Unterbewusstsein keine Zeit kennt, ermöglicht uns diese »Mogelei«.

Ich möchte gern auf das Beispiel zurückkommen, in dem mein Jüngster ins Büro kam und ich dieses Erlebnis zunächst in meinen Ordner »störende Eindringlinge« ablegte. So etwas passiert schon mal. Doch werde ich es dabei nicht belassen. Das Glück in meinem Leben und mit meiner Familie ist mir nämlich außerordentlich wichtig, deshalb ist dies eines der Themen, in denen ich schon ab und zu mitmische. Allein die Tatsache, dass ich dieses Erlebnis in einem vollkommen unangemessenen Ordner abgespeichert habe, hat mein Unterbewusstsein aufmerken lassen. Ein Indikator dafür ist, dass ich andauernd wieder daran denken muss. Vielleicht gibt mir auch mein Unterbewusstsein ein Signal, weil es mit dieser Zuordnung nicht zufrieden ist. Doch das ist in dieser Situation vollkommen unerheblich, denn ich habe längst beschlossen, Korrekturen vorzunehmen.

Dafür bedarf es lediglich meiner Vorstellungskraft: Ich begebe mich dafür gedanklich zurück in die Situation, in den Augenblick, als mein Sohn ins Büro gestürmt kommt und von mir weggeschickt wird.

Doch diesmal verändere ich die Erfahrung. Ich erlebe sie nun gedanklich in einer veränderten Fassung, die ich als *meine* Hollywood-Version bevorzuge. In dieser Version springe ich erfreut von meinem Stuhl hoch, nehme meinen Sohn in die Arme, begrüße ihn freudig, küsse ihn, so lange ich darf, und stürme mit ihm hinaus, um mit ihm zu spielen. Das würde im Prinzip schon ausreichen. Ich gehe aber lieber auf Nummer sicher und füge diesen inneren Bildern gleich noch ein Glücksgefühl hinzu. Ich mache mir klar, wie glücklich ich mit meinen Kindern oft bin, und – um nun ganz sicher zu gehen – erinnere ich mich zugleich daran, wie wundervoll es war, als er das erste Mal nach seiner Geburt in meinen Armen lag.

So, nun dürfte nichts mehr schiefgehen. Ich habe in so viele Ordner meines Unterbewusstseins gleichzeitig eingegriffen, dass dies einen enormen Umbau meiner Gefühle bewirken dürfte, und zwar genau in die Richtung, die ich mir wünsche: Nun bin ich dem Glück näher als zuvor! Ich darf mich zurücklehnen, alles weitere funktioniert jetzt von allein.

Ich persönlich finde, dass es sich mit Leichtigkeit und Humor immer am besten leben und lernen lässt. Das humorvolle Einbringen meiner Erfahrung soll jedoch keinesfalls von der Wichtigkeit dieser Zusammenhänge ablenken oder sie gar schmälern. Das Eingreifen in unser Unterbewusstsein, unsere parallele Festplatte, ist eine absolut kraftvolle und wirkungsvolle Angelegenheit, die zugleich einfach zu bewerkstelligen ist!

Viele Gelehrte und spirituelle Lehrer vermitteln das Wissen um diese Dinge zumeist mit einem erhobenen Zeigefinger. Doch dieser Weg scheint mir persönlich nicht so angenehm, denn er schreibt nebenbei häufig viele Ordner mit unguten Überschriften wie beispielsweise:»Du bist, was du isst.« Oder: »Das liegt alles am Karma. Du bist selbst schuld an dem, was du erlebst.« Das Problem hierbei ist, dass es zu ernst gesagt wird. Es gibt Empfehlungen, täglich zu meditieren, oder Ratschläge, wie man was zu wünschen hat, aber niemand sagt, dass man das alles fröhlich und gerne auch lachend tun darf!

Das Glücklichsein darf nicht zu einem düsteren, ernsthaften Leistungskurs der Gefühle werden. Mein größtes Anliegen in diesem Buch ist es, dass Sie die Wirkungsweise Ihrer Gefühle besser verstehen und sie in Zukunft auf einfache Weise verändern können. Wenn Sie begriffen haben, wie unser Betriebssystem arbeitet, dann sind Sie schließlich vollkommen frei zu entscheiden, ob Sie überhaupt eingreifen möchten, und wenn, wie Sie dies tun. Sie wissen nun, dass es auf eine humorvolle und spielerische Art und Weise ebenfalls funktioniert. Probieren Sie das doch gerne mal aus.

Neues hält das Unterbewusstsein lebendig

Wir haben erfahren, dass man das Unterbewusstsein »bemogeln« kann, indem man ihm innere Bilder und Gefühle einfach in die entsprechenden Ordner spielt. Dieser Prozess ist vergleichbar mit dem Überspielen von Daten. Nur überspielen wir sie in diesem Fall nicht, sondern wir fügen den alten vorhandenen Dateien neue in die Ordner hinzu, so als fädelten wir eine neue Perle auf eine Kette.

Die Gegenwart hat Vorrang vor der Vergangenheit

Neue Dateien üben immer eine große Faszination auf das Unterbewusstsein aus. Ein großer Teil der menschlichen Weiterentwicklung mag darin begründet sein. Eine neu geschriebene Datei ruft in unserem Nervensystem vollkommen neue Reaktionsmechanismen hervor – nicht nur emotional, sondern auch körperlich.

Sind solche neuen Dateien samt ihres neuen Reaktionsmechanismus erst einmal angelegt, dann scheint das Unterbewusstsein eine Vorliebe dafür zu entwickeln, diese neuerliche Fähigkeit auch zur Anwendung zu bringen, es möchte sie sozusagen gern ausprobieren. Das ist so, als gäbe es in einem Skigebiet eine neue Spur im Neuschnee.

Viele Menschen, die diese sehen, möchten sie gerne auch ausprobieren und darin fahren – und schon nach kurzer Zeit kann daraus eine neue, breite und interessante Piste entstehen. Unser Unterbewusstsein reagiert ähnlich. Es zeigt ebenfalls Neugier und Lernbereitschaft, indem es diese »neuen Pisten« ausprobiert. Um im Bild zu bleiben: Es sind diese faszinierenden Spuren im Neuschnee, die wir durch ein neues Gefühlserleben in den Schnee unserer parallelen Festplatte geschrieben haben. Das tut das Unterbewusstsein übrigens immer, unabhängig davon, ob das Leben selbst eine solche neue Spur im Schnee gezogen hat, also eine neue Datei oder einen neuen Ordner geschrieben hat, oder ob diese neue Spur durch unsere eigene Mogelei ins System kam. Die Reaktion unseres Unterbewusstseins darauf ist in beiden Fällen immer gleich.

Vielleicht ist es an dieser Stelle tröstlich zu wissen, dass das Unterbewusstsein keinen Stress mag. Diesbezüglich geht es mit uns und unserem Verstand ausnahmsweise immer konform. Findet es also einen Ordner, in dem zwei Dateien abgelegt worden sind, von dem die eine stressreich ist, die andere aber stressärmer, dann wird es immer die letztere bevorzugen.

Angenommen, in einer Partnerschaft neigen bestimmte Themen immer wieder dazu, zu eskalieren. Dann kann es sein, dass auch das Ausmaß der Eskalation an sich zunimmt. Am Ende ist es so, dass man nur noch an dieses eine Thema zu denken braucht, um in regelrechte Gefühlswallungen zu geraten. Gelingt es beispielsweise einem Paartherapeuten, die Diskussion um ein solches Reizthema nur ein- oder zweimal respektvoll und friedlich stattfinden zu lassen, dann greift das Unterbewusstsein in der folgenden Zeit auf diese positiven Erfahrungen zurück. Aus zwei Gründen: Die Dateien sind aktueller und sie sind stressfreier.

In der psychosomatischen Kinderwunschbehandlung folgen wir dem gleichen Prinzip: Wir lösen alte, eingefahrene Gefühlswege ab und erobern uns neue. Die ärgerlichen, uns traurig machenden Pisten lassen wir links liegen. Dafür fahren wir nur neue Spuren in neuem, noch unberührtem Schnee. Aus ihnen werden dann von ganz allein probate Pisten durch glücklichere Gefilde.

Ganz egal, was es zu heilen oder zu verbessern gilt: Das Prinzip ist immer gleich und unser Unterbewusstsein unterstützt dies, teilweise aus purer Bequemlichkeit.

Das kennen wir auf der körperlichen Ebene ebenfalls: Wenn wir beispielsweise komplizierte Turnübungen auf einem Klettergerüst vollbringen, dann hilft uns unser Unterbewusstsein, hierbei die jeweilig bequemste Körperhaltung einzunehmen.

Es speichert hierfür jeden kleinen Lernerfolg und greift immer auf die aktuellsten zurück und auf diejenigen, die bei unserer Turnübung den größten Erfolg versprechen, ganz egal, wie unser Verstand sich die jeweilige Übung zuvor kunstvoll ausgeklügelt haben mag. Fast könnte man sagen, auch unsere Gefühle bevorzugen eine gewisse Bequemlichkeit, denn unser Unterbewusstsein mag keinen Stress.

Um es noch einmal zu wiederholen: Wenn wir auf unser Unterbewusstsein Einfluss nehmen möchten, kommt dies einer neuen teilweisen Programmierung gleich. Wir laden neue Daten auf, andere schreiben wir kurzerhand um. Wir sind also Programmierer unseres Unterbewusstseins, unabhängig davon, ob wir das beabsichtigen oder nicht. Da mag es sinnvoll sein, einige weitere wichtige Dinge zu wissen.

Das Unterbewusstsein kennt keine Negation

Wir wissen nun, dass jede Erfahrung, die unser lernbegieriges Unterbewusstsein macht, in nur zwei Dateiformaten gespeichert werden kann: in Bildern und in Gefühlen. Das wesentliche Format ist das Bild. Dies können Bilder aus äußeren Eindrücken sein, viel öfter sind es aber Bilder innerer Eindrücke. Aus jedem äußeren Bild gestaltet der Mensch ein subjektives inneres Bild. Unsere inneren Bilder sind also unsere Programmiersprache.

Zu jedem inneren Bild speichern wir zudem immer auch ein Gefühl. Dieses Gefühl ist jedoch für unseren

Verstand schwerer zugänglich, so dass dies nicht jedem Menschen klar ist.

Schauen wir uns zunächst das Format der Bilderinnerung an, zunächst ohne Gefühl. Bleiben wir beim Bild und machen wir uns bewusst, dass es keine »negativen« Bildinformationen geben kann:

Senden wir doch kurz probeweise eine Information in der Sprache des Unterbewusstseins direkt dorthin, beispielsweise ein Bild, welches wir uns einfach nur vorstellen. Die Information könnte folgenderweise lauten: »Vor der Haustür steht ein rosa Elefant.« Unser Verstand wird nun zuerst einen rosa Elefanten entstehen lassen. Wenn wir einen Augenblick geduldig sind und diese Vorstellung abwarten, dann wird sie Form und Farbe annehmen. Kurz danach können wir unseren Elefanten vermutlich schon direkt vor unserer Haustür platzieren. Wir können uns weiterhin vorstellen, wie wir unsere Haustür öffnen und überrascht feststellen: Da steht ein rosa Elefant.

Unser Unterbewusstsein setzt jede dieser Informationen, die es in Form innerer Bilder erhält, sofort in eine Erfahrungsdatei um. Andersherum sendet es uns Signale in Form innerer Bilder. Es ist ein Bilderdenker. Versuchten wir nun, in unseren kurzen Gruß ans Unterbewusstsein eine Negation, eine Verneinung hinzuzufügen, werden wir schnell feststellen, dass dies nicht funktioniert.

Formulieren wir folgenden Satz: »Es steht *kein* rosa Elefant vor der Haustür!« Versuchen wir nun, zu diesem

Satz das entsprechende innere Bild aufzubauen. Was werden wir sehen? Es wird dem Unterbewusstsein nicht gelingen, *keinen* Elefanten abzubilden.

Wir können auch diese Aussage machen: »Der Elefant ist ja gar nicht rosa!« Dann wird der Elefant vielleicht kurz undeutlicher, kurz danach wird er aber wieder rosafarben vor unserem inneren Auge auftauchen.

Das Unterbewusstsein kennt keine Negation. Es kann auch keine Negation speichern – das wäre eine Angelegenheit des Verstandes. Dies ist der Grund, weshalb sich so viele Menschen positives Denken angewöhnen möchten. Sie verfolgen damit die Absicht, möglichst viele *richtige* und für sie *nützliche* Bilder in ihrem Unterbewusstsein entstehen zu lassen, ohne versehentlich unerwünschte Informationen dorthin zu senden. Kommen wir in die Situation, negativ formulierte Informationen an unser Unterbewusstsein zu senden, werden wir schnell feststellen, dass es dann das Gegenteil der von uns erwünschten Information abspeichern wird. Aus »minus« wird dann gewissermaßen »plus«.

Je genauer eine Situation beschrieben oder von uns beobachtet wird, und je länger sie auf uns wirken kann, desto konkreter ist das entsprechende innere Bild, das wir dazu speichern. Die Negation einer Situation jedoch ignoriert das Unterbewusstsein weiterhin, es baut immer die positive Version auf, um sie zu speichern.

»Im Augenblick habe ich keine hämmernden Kopfschmerzen!« Fühlen wir in uns hinein, nun wohl wissend, dass unser Unterbewusstsein genau in diesem Augenblick den Ordner »Kopfbeschwerden« öffnet, darin den Unterordner »Kopfschmerzen« und hier die Datei »hämmernder Kopfschmerz« sucht. Wenn wir dieses Bild eine kurze Zeit nur festhalten, dann können wir schon bald spüren, wie unsere intelligenten Körperzellen sich bereit machen, das Gefühl, das durch diese unterbewusste Reaktion in ihnen abgerufen wird, auch zu produzieren. Wir sind dem Gefühl des hämmernden Kopfschmerzes auf rätselhafte Weise ziemlich nahe. Wir fühlen diesen Schmerz vermutlich nicht, spüren aber, wie wir uns an ihn erinnern.

Dateianhang: Gefühl

Lassen Sie uns unsere Versuchsreihe gleich noch erweitern. Wir wissen nun, dass einem Bild immer auch ein dazugehöriges Gefühl angehängt ist. Jetzt sollten wir die Gelegenheit beim Schopfe packen und in unserer Versuchsreihe »Negationen« gleich noch eine Bildinformation, die mit einem negierten Gefühl verbunden ist, senden. Lesen Sie folgenden Satz oder sprechen Sie, wenn Sie mögen, die Worte gerne einmal laut aus: »Im Augenblick habe ich *nicht* diese Kopfschmerzen, die sich anfühlen, als würde ein eisernes Band um den Kopf immer enger und noch enger geschnürt werden, und mir wird auf *gar keinen Fall* am Ende so richtig speiübel davon!«

Vermutlich erhalten Sie unverzüglich eine Ahnung davon, dass nach einer gewissen Zeit Ihr Kopf eine Bereitschaft annimmt, definitiv eine solche Symptomatik zu produzieren. Das macht Ihr Unterbewusstsein. Es liest Ihre Bilder oder die bildlichen Worte, ähnlich wie eine fleißige Sekretärin ein Diktat vom Chef abtippt, um dann gleich alle Anweisungen auszuführen.

Es kann beispielsweise lustig werden, wenn in einer Gesprächsrunde das Thema »Kopfläuse« auch nur angesprochen wird. Oft muss sich der eine oder andere Teilnehmer dabei unwillkürlich den Kopf kratzen, obwohl dieser in diesem Moment ganz sicher frei von den lästigen kleinen Tierchen ist, die den Juckreiz verursachen. Dieselbe Reaktion tritt auch ein, wenn man von »*keinen* Kopfläusen« spricht.

Fühlen Sie gerne in sich hinein, spüren Sie, wie Sie dieses innere Bild dennoch aufbauen. Schon nach kurzer Zeit signalisieren Ihre Körperzellen die Bereitschaft, das dazu passende Gefühl hervorzurufen. Unsere Körperzellen sind intelligente kleine Minirechner, und ich werde ihre Rolle im großen Kino der Gefühle an späterer Stelle noch genauer erklären. Da sie gewissermaßen auf die Signale des Unterbewusstseins reagieren, gilt auch für sie: Negationen werden ignoriert – aus »minus« wird »plus«.

Das Unterbewusstsein kennt keine Zeit

Dies ist die vierte Tatsache, die wir kennen sollten, wenn wir unser Unterbewusstsein verstehen möchten: Es hat keinen Zeitbegriff.

In unserer unbewussten Erlebniswelt geschehen somit alle Erfahrungen gewissermaßen simultan. Das ist für uns zeitgestresste Bürger nicht immer leicht nachzuvollziehen. Die Kategorie Zeit scheint uns eine gewisse Ordnung zu geben, sie macht Abläufe berechenbar und uns kooperativ, weil wir innerhalb ihrer Struktur beispielsweise Verabredungen einhalten können und pünktlich zur Arbeit oder einem Termin erscheinen. Auch in unserer bewussten Erinnerung ist Zeit ein wichtiges Element, welches uns unser Wissen »ordentlich« abspeichern und wieder abrufen lässt. So können wir uns daran erinnern, dass wir *zuerst* laufen lernten und *danach* das Fahrradfahren. Unser erster Freund war unsere Jugendliebe und erst später trafen wir unseren jetzigen Traumpartner. Gewöhnlich schmiert man sich *zunächst* ein Butterbrot, um es erst *danach* verspeisen zu können. Doch ein Zeitverständnis und mit ihm alle Zeitbegriffe existieren nur auf unserer ersten Festplatte, die von unserem Verstand verwaltet und verwendet wird. Die parallele Festplatte jedoch, unser Unterbewusstsein, kennt das Zeitkontinuum nicht. Die Vorstellung, ohne das Element Zeit zu leben oder zu arbeiten, scheint für uns nur zu chaotischen Verhältnissen führen zu können. Vermutlich wäre das auch so, gäbe es für uns Menschen ab morgen früh keine Zeit mehr.

Für unser Unterbewusstsein jedoch ist Zeitlosigkeit der Ist-Zustand. Sie ist seine normale und vertraute Welt. Alle Informationen, die es durch unsere Erfahrungen im Leben von uns erhält, empfängt es stets ohne eine Zeitangabe, und es speichert diese auch in einem zeitlosen Modus ab. Sein Ordnungssystem besteht aus den Perlenketten, Gefühlserfahrungen, Bildern, Ähnlichkeiten und mehrfachen Zuordnungen, die wir bereits kennengelernt haben. Was unser Verstand als Chaos bezeichnen würde, ist für unser Unterbewusstsein eine sinnvoll strukturierte Ordnung, die es meisterhaft im Griff hat.

Fassen wir vorerst zusammen:
- *Wir kommunizieren mit unserem Unterbewusstsein in inneren Bildern.*
- *Das Unterbewusstsein ist von neuen Erfahrungen stets faszinierter als von alten.*
- *Fügen wir den inneren Bildern, die wir ans Unterbewusstsein senden, eine Gefühlsempfindung hinzu, dann erhält diese Botschaft eine höhere Priorität und Intensität.*
- *Das Unterbewusstsein kennt keine Negation.*
- *Das Unterbewusstsein kennt keine Zeit.*

Die kleinste Veränderung beeinflusst das ganze System

Hier zeigt sich erneut die enorme Geschwindigkeit und Vernetzungsfähigkeit unseres Unterbewusstseins gegenüber unserem Verstand, denn dieser würde in einem solchen Ordnungssystem schlichtweg den Überblick verlieren. Seine Leistungsfähigkeit reichte für dieses System nicht aus.

Wie kann man sich das nur vorstellen, ein Sein, ein Wirken, ein Handeln – ohne dass hierfür einzelne Bestandteile wie Erfahrungen, Bilder, Gefühle in einer zeitlichen Abfolge geordnet sind? Tatsächlich ist das ausgesprochen »unordentlich«. Es scheint, als geschähe die Ablage in den verschiedenen Ordnern geradezu kreuz und quer. Und die gegenseitige Beeinflussung aller beteiligten Ordner scheint ebenso strukturiert zu sein.

Das kann man sich möglicherweise nicht gleich so gut vorstellen. Vielleicht kann ich dies am folgenden Beispiel besser illustrieren:

Stellen Sie sich vor, Sie sähen zwanzig Filme auf verschiedenen Monitoren, die miteinander vernetzt sind. Sie selbst sind der Drehbuchautor aller dieser laufenden Filme – Sie können jederzeit in jeden dieser Filme eingreifen.

Verändern Sie eine Situation in nur einem Film zum Guten hin, dann ist es, als »lernten« alle parallel laufenden Filme daraus und veränderten sich selbst: Um genau das Quäntchen Positivem, um das sich der erste Film verändert hat.

Dieses Phänomen können wir auch in unserem Alltag beobachten.

Stellen wir uns vor, wir gerieten beim Autofahren in eine Gefahrensituation. Direkt vor uns geschieht ein Unfall, und alle Fahrzeuge vor uns kommen plötzlich und unerwartet zum Stehen. Wir müssen blitzschnell entscheiden, ob wir das Auto geradeaus und ruhig halten, während wir hoffen, dass der Bremsweg ausreichen wird, oder ob wir links in den Gegenverkehr steuern, oder lieber nach rechts in Richtung Graben.

In einer derartigen Situation denkt niemand konsequent nach, denn unser Verstand arbeitet in solchen Notfällen viel zu träge. Für Reaktionen ist stets das Unterbewusstsein zuständig. Noch bevor unser Verstand die Situation erfasst hat, hat unser Unterbewusstsein sie schon kommen sehen und längst hilfreiche Dateien parat.

Alle gespeicherten Erfahrungen, die uns in dieser Situation helfen könnten, stehen uns sofort und simultan zur Verfügung: In einer unvorstellbaren Geschwindigkeit laufen nun diese Sequenzen in unserem inneren Bilderleben ab. Da mag es kurze Fernsehberichte geben, vielleicht sehen wir für ein paar Millisekunden unseren Fahrlehrer oder unseren Vater, der uns vor langer Zeit einen guten Ratschlag gab, dann sehen wir uns während einer ruhigen Spazierfahrt, ein anderes Mal, wie wir mit quietschenden Bremsen in die Autokolonne vor uns hineinrasen.

In zeitraffender Geschwindigkeit bekommen wir sämtliche unbewussten Informationen gesendet, in denen wir erfolgreich oder erfolglos einen Bremsweg eingeschätzt hatten. Möglicherweise sehen wir, wie wir das letzte Mal eine Beule in das Auto unseres Vordermannes gefahren haben, wir wissen, wie sich knirschendes Blech oder das Zersplittern der Windschutzscheibe anhört, vielleicht taucht in uns auch das Bild auf, wie wir als Kind mit dem Fahrrad einst gegen den Bordstein fuhren. In unserem geistigen Kino sehen wir Autos im Gegenverkehr, die, die wirklich vorhanden sind, und viele andere, die wir einst dort sahen, Sequenzen, in denen wir uns vor einem arg nach rechts abdriftenden Fahrzeug erschrocken hatten. Derartige und mit Sicherheit noch unbeschreiblich viel mehr Informationen sendet uns in einer solchen Situation unser Unterbewusstsein – in Bruchteilen von Sekunden.

Diese Bilder flitzen in einer rasenden Geschwindigkeit vor uns vorbei, während sie uns mit einer immensen Menge an Informationen versorgen. Wären wir in der Lage, die Zeit anzuhalten, dann könnten wir uns dieses innere Kino wie einen großen Fernseher vorstellen, der unzählige Programme bereitstellt, die simultan laufen, und wir könnten mit einer Fernbedienung stunden- oder tagelang in diesen verschiedenen Programmen herumzappen. Die Sendungen aller Programme würden sich mit der Frage beschäftigen: »Was tun wir angesichts einer

Auffahrunfallgefahr?« – und jede Sendung würde einen anderen Aspekt dieser Frage behandeln und zu unterschiedlichen Antworten kommen. Nachdem wir uns viele dieser Sendungen angesehen haben, finden wir beim Zappen einen faszinierenden Film mit einem Happy End. Diesen schauen wir uns länger an. Letztendlich wird er Einfluss auf unsere Reaktion im Straßenverkehr nehmen. Vielleicht hatte jemand in diesem Film gesagt: »Such das Weite!«, und wir haben entsprechend reagiert. Unser Unterbewusstsein hält dies für eine passende Lösung des Problems und stoppt seine Bildersequenz an dieser Stelle. Jetzt werden wir handeln: Wir sind nun davon überzeugt, dass wir unser Fahrzeug rechts in Richtung Graben aus der Gefahrensituation manövrieren müssen, was wir schleunigst tun. Wir bringen unser Fahrzeug unversehrt rechts von der Straße zum Stehen. Das Unterbewusstsein meldet nun Entwarnung.

Doch wir gehen noch nicht gleich zur Tagesordnung über, steigen aus und sind froh über den glücklichen Ausgang unseres Rettungsmanövers.

Das Gefühl von Erleichterung setzt erst verzögert ein. Zuvor gibt es eine kleine Pause. Es ist ein Moment, in dem die Zeit wiederum stehen zu bleiben scheint. Wir verharren noch kurz in der Position, die wir innchatten, als unser Auto endlich stehen blieb. Und es ist, als wäre unser Kopf wie leergefegt. Wie kommt das?

Unser Großrechner Unterbewusstsein hat gerade eine Meisterleistung vollbracht. Er hat unzählige weitere Dateien geöffnet, seine Arbeitsspeicher sind komplett ausgelastet. Und nun muss er erst noch den positiven Ausgang unserer Krisensituation schreiben, und zwar nicht nur in den einen Autofahrer-Ordner, sondern zusätzlich auch in sämtliche andere Ordner, deren Dateien in diesem Augenblick geöffnet sind.

Wenn wir beim Beispiel unseres Fernsehers bleiben und jede geöffnete Datei wäre ein anderes Programm, in dem gerade ein anderer Film läuft, dann ist es, als würde ein Film immer auch vom anderen lernen. Endet einer der laufenden Filme glücklich, dann können alle anderen simultan laufenden Filme einen solchen glücklichen Ausgang auch für sich selbst für wahrscheinlicher halten. Ein Film »lernt« vom anderen.

Man kann daraus also folgern, dass positive Erfahrungen ansteckend sind.

Leider sind auch negative Erfahrungen ansteckend. So erklärt es sich, dass wir manche Missgeschicke erleben, als wären sie eine regelrechte Serie. »Pechsträhnen« werden sie genannt. So folgt oft auf eine Beule im Auto bald eine nächste. Solange eine Erfahrung frisch ist, bleiben die dazu neu geschriebenen Dateien besonders faszinierend für das Unterbewusstsein. Es ruft sie häufiger auf als alte Dateien. So fällt uns schnell einmal eine Tasse beim Abwaschen aus der Hand, eben *weil* uns am Tage zuvor schon eine aus der Hand gefallen war.

Um derartige Phasen abzukürzen, hilft nur eines: Wir sollten die Erfahrung, sowohl das Bild als auch das Gefühl, ab und zu in uns hervorrufen, in der wir vollkommen sicher ein Auto steuern oder mit Geschirr hantieren. Stellen wir uns vor, wir seien Helden der Straße oder des Abwasches und bewegten uns in absoluter Sicherheit dabei.

Dann haben wir unverzüglich neue Dateien geschrieben und unser Unterbewusstsein wieder in einer für uns wünschenswerten Weise fasziniert.

Positive Erfahrungen erzeugen Resonanz

Doch bleiben wir bei unserem positiven Beispiel, in dem wir eine Gefahrensituation gut gemeistert haben.

Auf unser Unterbewusstsein übertragen funktioniert dies ebenso:

Noch sind viele Ordner geöffnet, in denen wir viele Krisensituationen gespeichert hatten. Jede Krisensituation steht in jeweils einer Datei. In jeden der gerade geöffneten Ordner wird nun eine Datei hinzugeschrieben, nämlich diejenige, die den glücklichen Ausgang unserer soeben erlebten Situation beinhalten wird. In Zukunft wird also der Inhalt dieses einen Ordners nicht mehr so sein wie bisher.

Das Neuschreiben der Dateien ist enorm wichtig, denn es garantiert, dass unsere neue Erfahrung auch integriert wird. Wir *lernen* daraus mehr, als wir vielleicht ahnen!

Diese Funktionsweise können wir uns folgendermaßen vorstellen. Nehmen wir an, in einem der vielen, in diesem Moment noch geöffneten Ordner existiert folgende Datei: »Ich habe eine Beule in ein anderes Auto gefahren.« In diesen Ordner wird nun eine weitere Datei mit folgendem Inhalt geschrieben: »Ich habe einen Autounfall selbst *verhindert.*« Diese wird Auswirkungen auf alle unsere zukünftigen Reaktionen haben. Sollte nämlich künftig dieser Ordner erneut geöffnet werden, dann setzt er neuerdings mehr optimistische Gefühle in uns frei als noch zuvor. Wir werden dadurch zuversichtlicher. Einen solchen Zuwachs an Zuversichtlichkeit gibt es dann auch in allen anderen in diesem Augenblick geöffneten Dateien. Unsere neue Erfahrung ist wie die gute Fee im Märchen Dornröschen, die viele bisher misslungene Erfahrungen unseres Lebens um eine zauberhafte Portion Zuversichtlichkeit bereichert. Es gibt Menschen, die verfügen über sehr viele positive Dateien. Sie scheinen jede Situation immer richtig zu meistern. Andere Menschen haben nicht so viele positive Dateien, sie sind weniger optimistisch und scheitern oft an Dingen oder trauen sie sich gar nicht erst zu. Das liegt also nicht am Glück oder Unglück, sondern an der Qualität ihrer Dateien. Doch zurück zu unserem Beispiel:

Es braucht ein oder zwei Sekunden, bis die entsprechenden Dateien geschrieben sind. Es ist diese enorme

Leistung, die unser Unterbewusstsein nun sofort zu absolvieren hat, nämlich die aktuelle Erfahrung in alle im Zusammenhang stehenden Ordner zu schreiben, die eine »Schrecksekunde« ausmachen. In dieser Schrecksekunde scheint die Zeit still zu stehen. Wir müssen warten, bis unser Unterbewusstsein seine Arbeit vorangebracht hat und nur allmählich wird uns *bewusst*, welch ein Glück wir hatten.

Danach ist es, als würden wir wieder tief ausatmen können. Erst jetzt begreift unser Verstand, was gerade geschehen ist. Das ist kein Wunder, denn er war für eine Weile sozusagen offline. Nun setzen alle anderen uns wohlvertrauten körperlichen und seelischen Reaktionen ein, und wir lassen das Lenkrad los, bevor wir aus dem Auto steigen.

Wenn wir verstehen können, nach welchem Prinzip ständig neue Dateien geschrieben werden (selbst in Gefahrensituationen, wie wir gesehen haben), dann ist dies eine Chance, Vertrauen auch in die Selbstheilungskräfte der Gefühle zu entwickeln. Denn nichts anderes geschieht, wenn viele Jahre nach einem Fahrradmalheur in der Kindheit dieser Erfahrung nach und nach »Happy-End-Dateien« an die Seite gestellt werden, wenn ständig neue Perlen auch in die Ketten unschöner Erfahrungen aufgefädelt werden: Es ist Heilung! Eine Heilung, die im Betriebssystem Mensch fest vorgesehen und verankert ist. Unser Betriebssystem verfügt über die Intelligenz, sich selbst zu heilen. Das vermag es auch dann, wenn wir durch ungünstige Vorfälle oder Schicksalsschläge eine Vielzahl zu heilender Ordner in uns gespeichert haben sollten.

Heilsames Chaos

Verfügte unser Unterbewusstsein über ein Ordnungssystem, welches den Prinzipien zeitlicher Folgerichtigkeit unterläge und unsere Erfahrungen nach Wichtigkeit in irgendeiner Form hierarchisieren würde, dann wäre es nicht nur viel langsamer, sondern könnte diesen lebenslangen Selbstheilungsprozess, insbesondere traumatischer Erfahrungen, nicht leisten. Wir alle würden dann vom Tag unserer Geburt an Traumen und Schreckensmomente in ihrer ursprünglichen Qualität und Tragweite in uns ansammeln, die wir schließlich nicht mehr aushalten könnten: Wir wären permanent unglücklich und ängstlich. Es ist tröstlich zu wissen, dass das nicht so ist.

Die Intelligenz des Körpers

An vielen Stellen des Buches war von intelligenten Körperzellen die Rede, deren Rolle und Funktion hier nun beschrieben werden soll. Die wissenschaftliche Forschung, insbesondere der Neurophysiologie, hat in den letzten zehn Jahren ganz erstaunliche Fortschritte gemacht. Durch ihre Erkenntnisse können wir noch besser verstehen, wie Gefühle entstehen und sich ändern oder wie erfolgreiche Lernprozesse möglich sind. Durch diese Forschungsergebnisse stehen viele Fachbereiche von der Medizin bis hin zur Pädagogik an einem Wendepunkt, weil zahlreiche ihrer Grundlagen entweder klar bestätigt oder widerlegt werden konnten. Uns interessieren aber in diesem Zusammenhang vor allem die Prozesse, in denen unsere Gefühle entstehen und ablaufen, und die Rolle, die die intelligenten Körperzellen dabei spielen.

Körperzellen reagieren auf das Unterbewusstsein

Unser Körper verfügt über Zellen, die auf die Emotionen reagieren, die unseren gespeicherten Bilddateien angehängt sind. Empfinden wir beispielsweise Glück, dann entsteht dieses Gefühl zunächst in unserem Unterbewusstsein. Das Gehirn schüttet dann sofort Botenstoffe aus, sogenannte Neurotransmitter, die sich über die Blutbahn im ganzen Körper verteilen. Sobald sie dort die intelligenten Körperzellen erreichen, werden sie von diesen aufgenommen und in eine körperliche Empfindung verwandelt. So kann der berühmte kalte Schauer entstehen, wenn wir Gruselfilme anschauen, aber auch eine wohlig-warme Gänsehaut, wenn wir Glück empfinden. Da wir pausenlos neue Gefühlsimpulse aus unserem Unterbewusstsein erhalten, wechselt auch die Information der Botenstoffe permanent. Dies stellt sicher, dass unsere Gefühlsempfindungen immer auch von einem körperlichen Gefühl begleitet sind.

Ebenso wie unser Unterbewusstsein ständig dazulernt, tun dies auch die intelligenten Körperzellen. Sie stellen für die Botenstoffe verschiedene »Häfen« bereit, also Rezeptoren, an denen die Botenstoffe andocken können. So gibt es »Häfen« für Glücksmeldungen und solche für Unglücksmeldungen. Wobei Glückshäfen ausschließlich Glücksmeldungen entgegennehmen können, Unglückshäfen nur Unglücksmeldungen, und es gibt einen Stresshafen für Stressmeldungen – für jedes Gefühl existiert ein eigens angelegter und passender Hafen.

Der Memory-Effekt der intelligenten Körperzellen

So können wir uns eine winzig kleine Zelle vorstellen, die an vielen Armen über unzählig viele kleine und unterschiedliche Häfen verfügt. Die Lernfähigkeit dieser kleinen Zellen sichert unter anderem unser generelles Anpassungsvermögen an die verschiedenen Lebenssituationen: Diese Zellen verfügen über einen Memory-Effekt. Befinden wir uns beispielsweise in einer belastenden Lebenssituation, dann registrieren die Körperzellen dies und richten sich auf eine Stressphase ein: Sie bauen Häfen anderer Gefühle, die sie lange schon nicht mehr benötigt haben, in Stresshäfen um, damit sie die Stressmeldungen komplett empfangen können.

Wir können die intelligenten Körperzellen gewissermaßen trainieren, damit wir uns allmählich auch dem größten Stress anzupassen vermögen, angefangen von den Klausurzeiten der Studenten bis hin zu Zeiten größter Not.

Dieser Memory-Effekt gilt für alle Gefühle. Wann immer ein Gefühl in unserem Leben über eine gewisse Zeit vorherrscht, werden die Zellen sich dies merken und sich darauf einrichten, indem sie die Qualitäten ihrer Häfen verändern und aktualisieren.

So sorgen sie dafür, dass der Körper mit jedem unserer Gefühle gewissermaßen auch mithalten kann.

Die Zellen fordern Gefühle von uns

Wenn unser Körper in einer Stressphase beispielsweise weniger Schlaf benötigt, wenn er grundsätzlich mehr Stresshormone bereithält und uns in einer gewissen Anspannung belässt, dann ist das in Krisenzeiten überlebenswichtig.

Meine Großmutter hat den Krieg erlebt. Wie viele Frauen musste sie sich abrupt auf eine vollkommen andere Gefühlssituation einrichten. Erfahrungen wie ein Familienspaziergang am Sonntagnachmittag blieben aus, stattdessen erlebte sie Ängste verschiedener Art, darunter die Angst vor dem Hunger und dem Tod.

Mit derartigen Krisen, seien sie groß oder klein, können wir dank der Anpassungsfähigkeit unserer intelligenten Körperzellen klarkommen. Um am Beispiel meiner Großmutter zu bleiben: Die vielen Neurotransmitter, die nun vermehrt Ängste vom Unterbewusstsein an die Körperzellen signalisierten, erforderten mehr »Häfen« für Ängste, damit auch wirklich alle Angstinformationen zu den Zellen transportiert werden konnten, und zwar zeitnah. Ein förmliches »Schlangestehen« von Gefühlen würde im Sinne der Arterhaltung für den Menschen gefährlich sein. Deshalb werden neue Häfen bebaut, oder genauer gesagt: Die alten Häfen werden für die neuen Gefühle umgerüstet. Der Mensch kann sich so allmählich auf neue Lebensumstände einstellen.

Ist eine solche Krise oder eine andere Stressphase vorbei, dann geht der Körper jedoch nicht gleich zur Tagesordnung über.

Das ist niemals so, und auch bei meiner Großmutter war das sicherlich nicht der Fall, dass nach Kriegsende nun automatisch und sofort ganz viele Glückshäfen gebaut würden. Damit unsere Zellen wieder neue Glückszellen bauen, ist es zuvor erforderlich, dass unser Unterbewusstsein viel Glück signalisiert und die Zellen es auch empfinden.

Doch bevor es so weit kommt, setzt ein anderer Mechanismus ein, um den man unbedingt wissen sollte! Sobald sich unsere emotionale Situation ändert und die intelligenten Körperzellen bemerken, dass Häfen mit bestimmten Gefühlsrezeptoren nicht mehr beliefert werden, beginnen sie, ein Signal an das Unterbewusstsein zu senden, fast als würden sie sagen: »Hallo, wir sind in Stressbereitschaft, wo bitte bleibt unsere Nahrung, wo bleibt der Stress?«

Allein das Vorhandensein der vielen Stresshäfen bestimmt das Kontingent der körperlichen Stressbereitschaft maßgeblich mit. Entsprechend der Anzahl der Stresshäfen und deren Gewöhnung an einen bestimmten Rhythmus, in dem sie sozusagen »Arbeit« bekommen, variiert unsere Fähigkeit, angemessen auf Stress zu reagieren.

Je trainierter sie sind, desto stärker und routinierter leiten sie die körperlichen Reaktionen auf Stress ein. So wird beispielsweise ein Soldat, der permanent um sein Leben fürchten muss, mit einer weitaus höheren und schnelleren Adrenalinausschüttung reagieren, als es vielleicht eine Frau im Urlaub vermag, nachdem sie eine Beule in das Auto ihres Mannes gefahren hat. Auch die Grundspannung der Muskeln ist in stressreichen Zeiten viel höher als gewöhnlich.

Der Memory-Effekt der intelligenten Körperzellen 105

Und dieses sind nur wenige von vielen Abläufen, die zu einer Stressbewältigung gehören. Insgesamt sind darin enorm viele weitere Abläufe enthalten, die alle eins gemeinsam haben: Sie verändern sich nicht plötzlich, sondern erst allmählich, weil zunächst einmal die »Häfen« aktualisiert werden müssen. Doch bevor diese ihre Häfen verändern, teilen sie zuvor dem Unterbewusstsein mit, dass die Zahl der Neurotransmitter, die sonst gewöhnlich an ihren Häfen andocken, sich im Augenblick verändert. Sie teilen ihm mit, dass etwas fehlt!

Bleibt der Stress nun plötzlich aus, werden die Körperzellen aktiv und fordern vom Unterbewusstsein Stress. Wir bemerken dies daran, dass wir nicht sofort von Vollpower auf Entspannung umschalten können. Es ist, als müsse der Stress eher allmählich wieder abklingen. Und solange er abklingt, fordern unsere intelligenten Körperzellen vom Unterbewusstsein fortwährend weiteren Stress für ihre Häfen. In einer solchen Phase kann es sein, dass wir unbewusst mit Stress auf Situationen reagieren, in denen dieser im Grunde genommen gar nicht notwendig ist. Das bedeutet: Unser Unterbewusstsein ist »nett« zu den kleinen Häfen, es hört ihren Ruf und sorgt dafür, dass die Emotionen, die sie abrufen, auch ausgelöst werden können.

Dieser Mechanismus kann sehr weit gehen. Er stellt ja nicht nur sicher, dass ein Mensch, der ständig daran denkt, wie viel Pech er immer zu haben scheint, dann auch sein »Pech« bekommt oder bei glücklichen Menschen eben umgekehrt. Es ist weitaus mehr: Dieser Mechanismus stellt auch sicher, dass wir immer wieder losziehen und unser Pech suchen. Oder eben genau das Gefühl, was den intelligenten Körperzellen aus alter Gewohnheit nun zu fehlen scheint.

Und er ist es auch, der dafür sorgt, dass Glückskinder von ganz allein Glückskinder sind und bleiben – und Unglücksraben eben Unglücksraben.

Merken wir uns also: Man gewöhnt sich nichts Altes ab, sondern immer etwas Neues an!

Unglücksraben fallen nicht vom Himmel

Übertragen wir diesen intelligenten Mechanismus auf das Gefühl des Unglücklichseins, dann kann uns an dieser Stelle ein Licht aufgehen.

Wenn wir unsere parallele Festplatte über einen längeren Zeitraum mit Unglücksdateien beschäftigen, besonders in einer pessimistische Phase, in der wir uns ständig sagen: »Da habe ich wohl mal wieder Pech gehabt – das ist typisch für mich«, dann bauen unsere Zellen brav und fleißig ihre Häfen dementsprechend um. Und sie werden weiterhin unser Unterbewusstsein bitten, sie mit ein wenig täglichem kleinem Unglück zu versorgen.

Bleibt das Pech aus, werden die Zellen bemerken, dass ihre Pech-Häfen nicht mehr benutzt werden. Da die körperlichen Pechgefühle unbedingt abgerufen werden müssen, werden sie dem Unterbewusstsein melden: »Hallo, wir benötigen hier dringend Pech!«

Würde unser Verstand dieses Signal erhalten, dann wäre das kein Problem. Denn im Gegensatz zum Unterbewusstsein wertet er. Er würde sofort merken, wie dumm und schade ein solcher Pech-Mechanismus ist. Es ist aber unser Unterbewusstsein, welches dieses Signal erhält. Davor sollten wir berechtigterweise ein gute Portion Respekt haben. Denn es ist das Unterbewusstsein, welches einen Bärenanteil an unseren Entscheidungen hat. Es ist in der Lage, unser Verhalten so zu steuern, dass es bekommt, was es braucht. So kann es geschehen, dass wir unbewusst unser Handeln verändern und ihm dieses Pech auch liefern. Wir kreieren unsere Pechsträhne gewissermaßen selbst, ohne es zu merken.

Glück beginnt im Kopf

Sicherlich kennen viele von Ihnen die Theorie, dass die von uns kreierten Vorstellungen die Eigenschaft haben, sich selbst zu erfüllen. Dieses Phänomen nennt man Selffulfilling Prophecy. Wir können auch an die Redewendung denken, den Teufel lieber nicht an die Wand zu malen. Wie gut die Verfechter solcher Theorien das menschliche Verhalten doch beobachtet haben. Mit der Kenntnis der Funktionsweise der intelligenten Körperzellen löst sich hier so manches Rätsel und uns wird ein Weg aufgezeigt, wie wir aus einer Pechsträhne auch wieder herausfinden können.

3. Kapitel

Die Straße ins Glück

Alle Menschen wollen glücklich sein. In unserer Seele ist eine tiefe Sehnsucht verankert, stets im Zustand des Glücks zu sein. Mit dieser Sehnsucht verhält es sich wie mit all unseren anderen Sehnsüchten. Es ist, als wären wir in etwas verliebt: Wir suchen es, ohne dass uns dies immer bewusst ist. Wir vermissen es, ob wir wollen oder nicht. Dieses Vermissen kann zeitweilig solche Ausmaße annehmen, dass wir traurig darüber werden, etwas nicht haben zu können, was wir aber unbedingt besitzen wollen. Man kann es auch so formulieren: Wir empfinden tiefe Traurigkeit, wenn das Glück uns anscheinend verlassen hat.

Doch dies ist, wie wir inzwischen erfahren haben, eine Gefühlshaltung, die uns so keine Chance bietet, etwas zu ändern. Um zum Glück zurückzufinden, müssen wir kreativ in unsere emotionalen Mechanismen eingreifen. Das bedeutet: Wir müssen unsere intelligenten Körperzellen dazu bewegen, nach und nach ausreichend Glückshäfen anzulegen. Ist uns dies erst einmal gelungen, dann werden wir uns nicht mehr so intensiv damit beschäftigen müssen, denn diese neuen Glücks-Häfen geben dann täglich ganz von allein die Meldung ans Unterbewusstsein, dass hier ein paar Glücksmomente gebraucht werden. Das funktioniert, und es funktioniert auf eine spielerisch leichte Art und Weise, die zudem kaum Zeit kostet: Dieser Umbau ist nicht anstrengend!

 Glück hält uns gesund

Unsere Wissenschaft macht erstaunliche Fortschritte. Über Gesundheit und Krankheit wissen wir heute mehr denn je zuvor. Alles boomt: Die Entwicklung neuer Arzneimittel, Studien über die Schädlichkeit von Handys, Nahrungsmitteln, Alkohol und Tabak. Wir wissen darüber so viel, dass wir darauf basierend fortlaufend unsere Lebensweise korrigieren könnten. Für Gesundheit und ein langes Leben sind wir bereit, auf immer mehr Dinge zu verzichten, bis wir uns am Ende dann fragen könnten: Was dürfen wir überhaupt noch essen? Sollten wir zu Silvester nicht lieber mit stillem Mineralwasser anstoßen?

Welch ein herber Schlag war es für alle Gesundheitsfanatiker, als unsere Forscher bewiesen, dass es ausgerechnet das Glücklichsein ist, welches das Leben nicht nur an Qualität, sondern auch an Jahren zu verlängern vermag!

Liegt hierin vielleicht der Grund, dass der 102-jährige Johannes Heesters raucht und immer noch lebt – und das recht glücklich, wie es den Anschein hat? Könnte dies zu einem neuen gedanklichen Ansatz führen, der uns Fragen beantworten hilft wie beispielsweise die, weshalb bei aller gesunder Ernährungsweise und medizinischer Versorgung die Selbstmordrate steigt, insbesondere bei Jugendlichen, und weshalb heute schon Babys einen Herzinfarkt haben können?

Wir sind heute also einen Schritt weiter. Das Ruder wurde längst herumgerissen, es ist eine Wende eingeleitet worden und neue Berufsfelder sind entstanden wie beispielsweise die Psycho-Neuro-Immunologie, die sich mit den Zusammenhängen zwischen unserer Psyche, dem Nervensystem und der Abwehrkraft befasst. Durch sie wissen wir, dass Glückshormone einen direkten Einfluss auf unser Immunsystem haben und darauf, wie wir auf unsere Umwelt wirken. Das neue Feld der Psycho-Onkologie erforscht den Zusammenhang von Psyche und Krebserkrankungen. Krebskranke Patienten erlernen den bewussten Umgang mit inneren Bildern, in denen eine enorme Heilkraft liegt. Dort ist der Stand unseres Wissens also heute: Mit unserer Vorstellungskraft können wir Heilungsprozesse in Gang setzen, und die Wiedereroberung des Glücks macht gesund.

Es bedarf nicht viel, um ein Glücksritter zu werden

Doch dies sei nur am Rande erwähnt. Dieses Büchlein ist ja für den Alltag gedacht, für jeden Mann und jede Frau. Es soll aufzeigen, wie der Weg zum Glück gestrickt ist, und deutlich machen, wie einfach die Schritte auf diesem Weg im Grunde sind, so einfach, dass wir dies in Anbetracht unserer hinter uns liegenden langwierigen Suche nun vielleicht gar nicht glauben können. Es soll dafür sensibilisieren, dass wir alle uns längst in einer Aufbruchsstimmung befinden, und es nun an der Zeit ist, sich auf neue Wege zu begeben. Werden wir doch jetzt mal kreativ.

Dem Glück entgegengehen

Am Anfang einer jeden Veränderung steht immer eine Entscheidung.

Damit wir überhaupt Entscheidungen treffen wollen, benötigen wir zuvor die Erkenntnis, dass eine Veränderung notwendig ist.

Für diejenigen unter uns, die eine Veränderung in ihrem Leben als notwendig erachten, und auch für jene, die meinen, es könne ja nichts schaden, sich auf das »Experiment Glück« einzulassen, könnte gleichermaßen folgendes Argument gelten: Bisher waren wir ja nicht besonders erfolgreich in der Kunst des Glücklichseins, nicht wahr? Dies lässt die Schlussfolgerung zu, dass unsere bisherige Glücksstrategie keine oder nur zu wenige Erfolge gezeigt hat. Wechseln wir also die Strategie.

Eine weitere wichtige Erkenntnis besteht darin, dass das Glück von uns nicht erzwungen werden kann. Es kommt von ganz allein zu uns. Ändern wir auch hier unsere Strategie: Gehen wir dem Glück doch ein klein wenig entgegen.

Simple Strategien genügen

Die meisten Menschen sind davon überzeugt, dass es enormer Anstrengungen bedarf, um ein besonders wichtiges Ziel im Leben zu erreichen. Vielleicht erinnern Sie sich daran, wie wir das in unserer Kindheit beim Sparen erlebt haben: Je teurer ein Wunsch war, desto länger war die Sparstrecke dorthin, desto größer war der Kraftakt, um uns beispielsweise Schritt für Schritt mit kleinen Geldbeträgen zu einem Fahrrad durchzukämpfen. Auch beim Häuslebauen gilt: Je größer das Haus, desto größer die Anstrengung, es fertigzustellen. Das Motto »Viel hilft viel« zieht sich leitmotivisch wie ein roter Faden durch die meisten unserer Erfolg versprechenden Zielstrategien: Je ehrgeiziger das Vorhaben, desto größer der Kraftaufwand, je hochgesteckter das Ziel, desto steiniger der Weg.

Unser Unterbewusstsein arbeitet jedoch in einer vollkommen anderen Weise. Es lernt potenziert, ist auf geniale Weise effizient, und es hat Vorlieben. Es lernt außerhalb verstandesgemäßer Größenvorstellungen und Maßvorgaben. Deshalb können wir in diesem Fall all unsere Vorstellungen von Kraftanstrengung fallen lassen. Wir werden uns überhaupt nicht anstrengen müssen.

Im vorangegangenen Kapitel haben wir einige Tatsachen über die Lern- und Arbeitsweise des Unterbewusstseins zusammengetragen, damit auch unser manchmal etwas eingefahrener Verstand dies zu begreifen vermag. Das Unterbewusstsein lernt sehr schnell und sehr tief gehend – nämlich durch Kleinigkeiten, Bilder und Gefühle. Und vor allem lernt es durch neue Erfahrungen, von denen es immer besonders fasziniert ist.

So soll unsere Strategie auf dem Weg zum Glückskind auch eine sein, die der Funktionsweise des Unterbewusstseins entspricht:

Dies ist kein Sprint, sondern eine Wanderung.

Es bedarf keiner großen Anstrengungen, denn wir lernen durch Kleinigkeiten.

Das wird auch nicht lange dauern, denn sobald wir dem Glück nur ein wenig entgegengehen, wird unser Unterbewusstsein dies unterstützen (mehr als wir ahnen!). Es arbeitet uns zu, kommt uns quasi selbst entgegen.

Auf das Glück achten

Beginnen wir also mit einer Kleinigkeit, die wir in unserem alltäglichen Erleben ändern möchten.

In unserer Einstellung zum Glück dürfte es schon eine Neuerung bedeuten, dass wir das Glück überhaupt einmal wahrnehmen und uns zunächst darum kümmern. Wir *kümmern* uns den ganzen Tag um allerlei Dinge, wir *führen* unseren Hund Gassi, wir *kennen* unsere Kontostände, wir *hegen* unsere Zimmerpflanzen, ja, wir *pflegen* Kontakte. Dies ist eine Reihe von Verben, die alle das Attribut von *Aufmerksamkeit* gemeinsam haben. Doch sind wir jemals unserem Glück gegenüber aufmerksam gewesen?

Erinnern wir uns: Der Anfang eines jeden Lernprozesses bestand in einer winzigen Kleinigkeit, einem Puzzlesteinchen. Es war einst der erste Buchstabe, den wir als Erstklässler schrieben, der dann wie von selbst zu unserer Fähigkeit des Schreibens führte. Der erste Schritt zur Mathematikprofessur bestand in der Wahrnehmung nur einer einzigen Zahl.

Am Anfang des Weges ins Glück steht einfach nur die Wahrnehmung eines einzigen, kleinen glücklichen Moments.

Bedenken wir, dass erlernbare Fähigkeiten wie Mathematik, Lesen und Schreiben auf keinerlei Prägung in uns zurückgreifen können, so ist dagegen das Erleben von Glücksmomenten und -empfindungen nichts Neues für uns Menschen. Glück ist eine der kraftvollsten Lernmotivationen des Lebens. Wir müssen es keineswegs neu erlernen. Es ist eher eine Wiederbelebung längst in uns angelegter und ausprobierter Erfahrungen. Wir hatten uns davon entfernt, weil wir anderen Pfaden gefolgt waren, wir waren abgelenkt und haben es uns schlichtweg abgewöhnt, auf unser Glück zu achten. Wir verloren nach und nach unsere Achtsamkeit. Also besteht unser erster Schritt darin, uns diese wieder anzueignen.

Sich ans Glück gewöhnen

Gehen wir doch heute Abend mit dem Vorsatz zu Bett, ab morgen etwas achtsamer zu sein und wahrzunehmen, wann sich der nächste Glücksmoment von ganz allein einstellt.

Stellen wir den Wecker ein wenig früher, um etwas mehr Zeit für uns selbst zu haben. Gönnen wir uns gleich morgen früh zwischen den Schlummertasten des Radioweckers einige Minuten der Einsamkeit und des Innehaltens, richten wir die Aufmerksamkeit nach innen, und

lassen wir die Gedanken und Gefühle vollkommen un-
bewertet an uns vorbeiziehen.

Wir wissen ja nun, dass die Häfen unserer intelligenten
Körperzellen zunächst einmal ihre gewohnten Gefühle
in uns abrufen werden. Wundern wir uns also nicht,
wenn die ersten Gedanken auf ihr Konto gehen: Gedanken an den Stress im Beruf, vielleicht der Widerwille,
gleich aufstehen zu müssen, Wut auf die Arbeitskollegin,
Traurigkeit, weil die Partnerschaft in letzter Zeit in den
Hintergrund geraten sein mag. Zu diesen Gedanken werden kurz darauf die dazu gehörigen Gefühle in uns hoch-
kommen, die wir gleich mit dem ganzen Körper empfinden können. Es kann sein, dass wir ein Unwohlsein im
Bauch verspüren oder sich die Oberschenkel nach und
nach anspannen. Die Körpergefühle sind individuell und
vielseitig wie unsere Emotionen. Auf diese Art und Weise
geht die allmorgendliche Fütterung unserer Körperzellen
ganz natürlich vor sich. Wir selbst haben sie schließlich
genau so konditioniert.

Warten wir dies einfach ab und lassen wir diesen Zustand geduldig an uns vorbeiziehen. Sobald die Fütterung abgeschlossen ist, entsteht Raum für Neues. Jetzt
ist die Gelegenheit gekommen, sich innerlich auf die Suche nach glücklichen Faktoren, Umständen und Bege-
benheiten in unserem Leben zu machen oder, falls dies
noch nicht gleich gelingen sollte, alternativ dazu glückliche in uns gespeicherte Erfahrungen wieder in Erinnerung zu rufen. Lassen wir sie in uns aufsteigen, geben wir

ihnen so viel Raum wie nur möglich und behalten wir diese Erinnerungen so lange bei uns, bis unsere Körperzellen dieses Signal wahrnehmen und umsetzen, bis wir spüren können, dass diese Glücksbotschaft an unser Unterbewusstsein auch in unserem Körper angekommen ist.

Dies ist ein äußerst wirkungsvoller kleiner Schritt in Richtung Glück, denn schon auf dieses eine Signal werden unsere Körperzellen reagieren: Sie sind eine morgendliche Glücksempfindung vielleicht noch gar nicht gewohnt, werden diese Neuerung aber sehr wohl bemerken. Es gehört zu ihren Aufgaben, eine Anpassung jeglicher Art sicherzustellen, deshalb werden sie einen ersten kleinen Hafen für Glücksgefühle neu anlegen.

Stellen Sie sich vor, Sie würden jetzt am Ball blieben und diese »Umkonditionierung« einige Tage lang weiterführen. Dann würde mit jedem Tag zunächst die morgendliche Fütterung der Körperzellen an Unangenehmem verlieren, bis die Körperzellen zur Belieferung ihrer aktuellen Häfen schließlich jeden Morgen eine Glücksempfindung einfordern werden.

Und dies war ja vorerst nur die Sicht auf die Körperzellen. Wir wissen ja, dass wir – so ganz nebenbei – aktuelle und faszinierende Glücksdateien in unzählige Ordner unseres Unterbewusstseins geschrieben haben. Dies ist ein Vorgang, der im Kleinen beginnt und kaum sichtbar ist, sich aber im Laufe der Zeit und der Wiederholungen nicht nur addiert, sondern potenziert!

Vielleicht verspüren Sie auch zu anderen Tageszeiten den kurzen Impuls, Ihr Glück einmal wahrzunehmen. Das funktioniert besonders dann gut, wenn wir allein sind und entspannen können. Wir halten kurz inne und blocken die Außeneindrücke ab. Gehen Sie doch gerne einmal zehn Minuten früher ins Bett und versuchen Sie es erneut.

Dreimal täglich lächeln

Je öfter unsere Körperzellen von den Neurotransmittern einen Auftrag erhalten, auf den sie aktuell nicht eingestellt sind, desto häufiger ergreifen sie die Initiative, sich an unsere derzeitige Gefühlswelt anzupassen.

Empfangen sie neue, nicht gewohnte Instruktionen in einer Serie, dann verhalten sie sich, als hätten sich unsere Lebensumstände drastisch verändert. Ganz so, wie sie in plötzlich über uns hereinbrechenden Notzeiten oder außergewöhnlichen Stressphasen unsere Leistungskraft erhöhen können, so werden sie sehr aufmerksam, wenn sie ein neues Signal häufiger erhalten.

Gewiss: Selbst eine kleine Glücksempfindung ruft in uns eine Veränderung hervor. So wird auch nur ein einziges derartiges Gedankenspielchen niemals umsonst sein oder dem Unterbewusstsein »verloren gehen«. Treten neue Glückssignale aber nun in Serie auf, dann halten die Körperzellen dies für einen Notstand – im allerbesten glücklichen Sinne – und werden den Umbau ihrer Häfen nochmals beschleunigen.

Sollten Sie den guten Rat »Bitte dreimal täglich lächeln!« hier oder dort schon einmal gehört haben und mit einem Lächeln abgetan haben, dann überdenken sie diese Idee gerne anhand ihres Wissens über die Körperzellen noch einmal neu. Wie wir wissen, dürfen wir das Unterbewusstsein durchaus bemogeln. Eine Umkonditionierung findet auch beim Mogeln statt, denn es geht ausschließlich darum, in unserem Sinne gezielt auf die Qualität der ausgeschütteten Neurotransmitter einzuwirken. Doch vielleicht sind diese Überlistungsversuche nicht einmal notwendig. Im täglichen Alltagsgeschehen hätte jeder von uns die Möglichkeit, über eine Situation, in die wir geraten oder die wir beobachten, wenigstens einmal nur zu lächeln.

Nutzen wir die Gelegenheiten, die sich uns bieten, um dieses Lächeln auch zum Ausdruck zu bringen. Dazu genügt es, eine aufmerksamere Sichtweise einzunehmen, um zu diesem Lächeln zu gelangen. Freuen wir uns über positive Kleinigkeiten in unserem Alltag, die uns begegnen. Das mögen ganz banale Dinge sein – selbst der Wetterlage ist etwas Erfreuliches abzugewinnen. Warme Sonnenstrahlen mögen wir als körperlich angenehm empfinden, und bei Regen könnten wir uns klarmachen, dass die Natur ihn gut brauchen kann. Es ist nur Ihre

Entscheidung, entweder daran zu denken, dass dann der Rasen ja schneller wächst, den Sie unglücklicherweise dann *noch* eher mähen müssen – oder dass der Regen Ihnen die Mühe erspart, den Garten wässern zu müssen. Nehmen Sie für eine gewisse Zeit doch die positive Sichtweise ein und zelebrieren Sie das Lächeln. Schon haben Sie auf einfachste Weise Ihre Dateien umgeschrieben und neu abgespeichert.

Unzählige Lebensratgeber befassen sich mit der »Kraft des positiven Denkens«, sind in dicken Wälzern verfasst und lassen deren Verfechter ernsthaft und ermahnend die Zeigefinger erheben. Doch das ist kaum sinnvoll, wenn man nicht weiß, wieso und weshalb man positiv denken soll. Begreift man die Arbeitsweise des Unterbewusstseins, weiß man, worum es exakt geht. Es geht *nicht* darum, aus Frust, weil ich oder eine Person in meiner Umgebung gerade beim positiven Denken wieder einmal komplett versagt haben, nun eine Ausschüttung frustrationsfördernder Neurotransmitter auszulösen! Genau diese Frustration und die innere Ärgerlichkeit mancher Menschen in unserer Umgebung, die aus der Unkenntnis der wesentlichen Dinge herrühren, sorgen dafür, dass diese dann als Antiwerbeträger solcher, im Grunde ja gut gemeinter Lebensstrategien herumlaufen – und uns vor deren »guten« Ratschlägen schleunigst Abstand nehmen lassen.

Zerbrechen wir uns nicht weiter den Kopf darüber. Lächeln wir stattdessen über das eine oder andere bedauerliche Missverständnis des Lebens.

Ich möchte Ihnen gerne von einer Patientin erzählen.
Sie war in Sorge um ihren Ehemann, der von Tag zu Tag
energieloser wurde und immer weniger unternahm, sich
zurückzog und täglich seinen Mittagsschlaf benötigte. Er
selbst dachte, es läge daran, dass er nun alt würde. Ich
empfahl ihr, ihm dreimal täglich lächeln zu verordnen.
Ich weiß nicht, wie genau sie ihm das Prinzip dahinter
erklärte, ich schätze aber die Herren der Schöpfung eher
so ein, dass sie einen Auftrag lieber schlichtweg ausfüh-
ren, als sich noch ausführliche Hintergrundinformationen anhören zu müssen. Auf jeden Fall befolgte der
Mann den Rat seiner Frau, die mich wenige Wochen später anrief, um mir zu erzählen, dass sie neuerdings wieder
abends mit ihrem Mann viel scherze und lache. Er hatte
den Rat befolgt und seinen Humor zurückgewonnen. Er
verzichte seitdem auf den Mittagsschlaf, bastele stattdessen wieder viel am Haus herum und sei viel mit den Kindern unterwegs.

Sie und ich, liebe Leserinnen und Leser, wissen sehr genau, welches Prinzip hier wirkt!

Die Körperzellen wurden ganz einfach umkonditio-
niert, und das Unterbewusstsein hat – ganz unbemerkt –
eine Fülle von Daten in unzähligen Erfahrungsordnern
neu geschrieben. Der Mann meiner Patientin befindet
sich in einer Phase der »Notstandsanpassung« und Faszination.

Und das, indem er dreimal am Tag lächelt. Lächeln Sie
also gerne!

Schreiben Sie zum Beispiel mit einem Lippenstift auf den Badezimmerspiegel: »Bitte lächeln«, zeichnen Sie Lachmännchen auf Papier und richten Sie Ihren Bildschirmschoner als Konditionierungshilfe ein, schreiben Sie: »Guten Morgen, du Schöne!« auf Ihren Monitor und auf Ihre Personenwaage: »Es gefällt mir, was ich sehe!« Brechen Sie einfach mal aus, sehen Sie kurz das Leben wie ein fröhliches, ausgelassenes kleines Kind und fahren Sie mit Ihrem Auto auf einem Parkplatz große Herzen in den frischen Schnee.

Wer nicht wertet, wird reich beschenkt

Als Babys verfügten wir über eine wunderbare Gabe, die darin bestand, nicht zu bewerten. Wir amüsierten uns über das gleichmäßige Wackeln eines Mobiles ebenso wie über Papa, der sich mit dem Hammer auf den Finger schlug. Vermutlich hielten wir das für eine der vielen lustigen Theateraufführungen, die er sonst auch immer so gerne für uns veranstaltete. Schon Mamas Niesen konnte uns zum Lachen bringen, wenn sie dabei eine Miene zog, die einem Lächeln gleichkam.

Wenn wir uns diese Qualität selbst in einem kleinen Maß zurückerobern – das erreichen wir, indem wir ganz einfach per Schauspielerei so tun, *als ob* es so wäre –, dann verlassen wir dabei automatisch unsere bisherigen Bewertungsgewohnheiten.

Wir ärgern uns weniger, und wenn wir Glück haben, lernen wir, uns neue Brillen zuzulegen, die neue Sichtweisen ermöglichen.

Aussteigen und neu betrachten

Falls wir uns einst in Zeiten befanden, die wir als unglücklich und schwierig empfanden, dann ging dies zumeist mit dem Gefühl einher, in dieser Situation regelrecht gefangen zu sein. Und genau so verhielt es sich dann ja auch. Täglich grüßte unser Murmeltier, täglich forderten unsere Körperzellen ihr Gefühlsfutter.

Heute können wir diesen Mechanismus verstehen, denn wir wissen, dass wir angesichts einer neuerlichen Stress- oder Frustrationssituation diese nicht nur augenblicklich aushalten müssen, sondern gleichzeitig auch noch dafür sorgen, dass unser Unterbewusstsein daraufhin noch einmal mehr und verstärkt eine neuerliche Frustrationssituation durch unsere Handlungen und Empfindungen abrufen wird.

Folgerichtig hilft da nur eines – in Zukunft eine solche Konditionierung zu verhindern, wann immer dies möglich ist. Dafür müssten wir angesichts auch der kleinsten Frustration, des allerkleinsten Ärgers, unverzüglich handeln, und zwar noch bevor die jeweilige aktuelle Situation über die Neurotransmitter bei den Körperzellen ankommt. Tatsächlich bleibt uns hierfür ein kleiner Zeitraum, in dem wir noch handeln können, um das »Schlimmste« zu verhindern.

Dies kann dadurch gelingen, indem man aus einer Situation gedanklich aussteigt und dadurch die Erfahrung positiv abspeichert.

Stellen wir uns beispielsweise vor, ganz besonders bei den eher langweiligen, sich stets wiederholenden Situationen im Alltag, wir würden sie nicht so hinnehmen wie sonst, sondern so tun, als würden wir stattdessen einer Daily Soap zuschauen. Probieren Sie es aus und Sie werden feststellen, dass Sie viel mehr Details in Ihrem Leben wahrnehmen.

Prusten wir also einfach los, wenn unsere Zahnpasta hart geworden ist, nur weil wir gestern Abend wieder einmal vergessen haben, den Deckel zuzuschrauben. Es ist etwas völlig anderes, diese kleine, ein wenig ärgerliche Situation selbst zu erleben, als dem Hauptdarsteller in einer Filmkomödie bei seinen täglichen kleinen Nervereien zuzuschauen. Bevor wir ob derart belangloser Dinge unerwünschte Neurotransmitter ausschütten, sollten wir derartige Situationen gedanklich schleunigst verlassen und sie stattdessen lieber als Komödie erleben oder als lustige Episoden einer Daily Soap in der Flimmerkiste. Steigen wir auf der Stelle aus und werden wir vom Opfer zum Hauptdarsteller. Wenn dieser am Morgen mit dem kleinen Zeh schlaftrunken gegen die Türschwelle stößt, dann ist der Lacher auf unserer Seite.

Dem Humor freien Lauf lassen

Auf diese Weise holen wir nach und nach den Humor in unseren Alltag zurück – gleichsam als Nebenwirkung unserer kleinen Glücksepisoden, für die wir weder Arzt noch Apotheker befragen müssen. Humor ist uns allen eigen, denn Menschen lachen gern.

Der Humor ist es auch, der uns unser dreimal tägliches Lächeln noch viel leichter machen wird, und ohne dass wir es uns versehen, sind wir schon gut geübt und die Wechselwirkung zwischen Lächeln und Lachen erfolgt reibungslos, während unsere Körperzellen weiterhin neue Häfen umbauen, um dem neuen Gefühlsaufkommen gerecht werden zu können.

Durch Lächeln positive Resonanz erzeugen

In der Gefühlswelt spricht man von einer Resonanz, wenn ein an eine andere Person gesendetes emotionales

Signal von dieser beantwortet wird. Durch Mimik beispielsweise, aber auch durch das Gefühl, welches wir von dieser anderen Person empfangen.

Jedes Baby sucht nach Resonanzen. Es lächelt uns an und freut sich, wenn wir zurücklächeln. Automatisch tun wir Erwachsenen dies ebenfalls, wir lächeln ein Baby an, und wir freuen uns, wenn es daraufhin ebenfalls lächelt. Ja, wir öffnen beim Füttern der Kleinen sogar selbst den eigenen Mund, weil wir instinktiv wissen, dass das Baby uns dann nachahmen wird.

Das Bedürfnis, Resonanz zu erzeugen, ist aber auch bei uns Erwachsenen tief in unserem Unterbewusstsein verankert. *Dass* wir über diese Fähigkeit verfügen, scheint für uns lebenswichtig zu sein. Und tatsächlich finden Resonanzen den ganzen Tag über statt. Wenn wir durch die Stadt gehen und in die Gesichter der Menschen schauen, reagieren wir unbewusst darauf. Wenn wir unsere Arbeitskollegen begrüßen, warten wir unbewusst auf ein Antwortsignal von ihnen. Pausenlos und ohne es immer wahrzunehmen, sind wir auf der Suche nach den Anzeichen einer Resonanz, genau genommen nach den Anzeichen einer positiven Resonanz.

Vielleicht kann ich hierzu ein kleines Beispiel abführen: Ende der 70er-Jahre begann ich mit meiner Ausbildung als Heilpraktikerin und konnte es gar nicht abwarten, eine Rezeptur nach der anderen auswendig zu lernen. So war das aber gar nicht. Unsere erste »Hausaufgabe« war ganz anderer Natur. Wir wurden gebeten, morgens beim Weg zum Bäcker die Menschen, die uns entgegenkamen, einfach anzulächeln.

Von dieser Aufgabe war ich nicht sonderlich angetan. Einmal war ich ein ausgesprochener Morgenmuffel. Und in der Großstadt sah man sich nun mal nicht an. Hier gehen alle anonym aneinander vorbei. Die Großstadt ist in dieser Hinsicht ein Phänomen: Die Menschenmassen ziehen auf den Bürgersteigen vorbei, ohne sich dabei zu begegnen, und dafür wird pausenlos jeder Mensch auf dem Weg umgangen. Ausgerechnet ich sollte diese Menschen nun anlächeln.

Ich versuchte es. Ich sah den Menschen, die mir entgegenkamen, in die Augen und lächelte sie an. Wie reagierten die? Sie lächelten zurück. Ich konnte es kaum glauben.

Und so entstand ein allmorgendliches Spiel: Ich lächelte die Menschen an, und die Menschen lächelten zurück. Ich begann bald, die lächelnden Antworten zu zählen und für meine Hausaufgabe zu notieren. Nach wenigen Tagen lächelte ich morgens in mein Spiegelbild und von da an musste ich mein Lächeln auf dem Weg zum Bäcker nicht mehr aufsetzen, denn es kam von innen. So erntete ich das Lächeln der Passanten in neuer Qualität.

Das ist nun mehr als dreißig Jahre her, und ich kann das immer noch. Ich mag noch immer kein Frühaufsteher sein, aber ich lächle morgens.

Ich habe mir das Lächeln einfach wieder angewöhnt und dank meiner Ausbilderin eine erste bewusste Begegnung mit der Kraft der Resonanz gehabt. Ich werde von meiner Umgebung angelächelt und ich weiß, dass ich selbst etwas damit zu tun habe.

Wie schmerzlich sind die Erfahrungen, wenn ein solches positives Signal ausbleibt? Wie fühlt es sich an, beispielsweise von gewissen Personen absichtlich ignoriert zu werden, fast so, als wären wir gar nicht anwesend? Das ist ausgesprochen schmerzlich! Aus den Traditionen einiger Naturvölker wissen wir, dass dies sogar tödlich sein kann, so es denn fortwährend stattfindet: Hat ein Mitglied eines Stammes grob gegen geltendes Recht verstoßen, so kann es sein, dass ihm gesagt wird: »Du stirbst jetzt!« Daraufhin wird kein Stammesmitglied diese zum Tode verurteilte Person mehr wahrnehmen. Sie alle tun dann so, als existiere der Verurteilte nicht mehr. Ihm wird jegliche Resonanz verweigert werden, und schließlich stirbt er tatsächlich.

Diese Vorstellung ist furchtbar deprimierend. Deshalb sollten wir nicht ausführlicher darauf eingehen und uns unverzüglich in gesündere Gedankensphären begeben. Trotzdem macht das oben genannte Beispiel klar, dass Resonanz ein lebensnotwendiges Prinzip ist.

Cruise Missiles – Gefühle sind ansteckend

Gehen wir noch einmal zurück zum Bild des lächelnden Babys. Es macht aus dem dauerhaften Grundbedürfnis nach Resonanz schließlich das Beste: Es sendet ein positives Signal und erntet es fortwährend. Diese Fähigkeit besitzt also jeder von uns gewissermaßen schon von der Kinderstube an. Greifen wir, ausgestattet mit solch einem wundervollen Talent, doch auch hier gerne ein wenig in unseren Alltag ein: Lächeln wir die Menschen an, die uns begegnen. Senden wir auf dem Weg zum Bäcker unser Lächeln in die Herzen der Menschen. Sie bemerken dann nicht nur nicht, dass wir uns die Haare noch nicht gekämmt und die Zähne noch nicht geputzt haben, weil die Wahrnehmung unseres an sie gerichteten Lächelns schlichtweg im Vordergrund steht – sie werden sogar zurücklächeln! So gesehen ist es unwichtig, dass wir zuerst lächeln mussten. Es zählt allein, dass wir positive Resonanzen einsammeln durften!

Setzen wir unser kleines Resonanz-Theater weiter fort: Im Straßenverkehr, bei den Arbeitskollegen, bei den Kunden oder im Supermarkt. Nutzen wir die zahlreichen Gelegenheiten, die uns der Alltag bietet, um auf komfortabelste Weise die Glück meldenden Neurotransmitter an die immer größer werdende Anzahl der dazu passenden Häfen zu senden.

Dabei werden wir in gewisser Weise auch noch zum Wohltäter, denn unser Gegenüber schüttet ja jeweils die gleichen Neurotransmitter aus wie wir selbst. Das ist, als hätten wir eine kleine Cruise Missile in unsere unmittelbare Nähe abgefeuert, die ihre Mehrfachsprengkörper abfeuern wird und so unser Lächeln weiter verteilen wird, da ja unser angelächeltes Gegenüber nun auch lächelnd durch die Straße läuft.

Minimale Korrekturen – glückliche Resultate

Spätestens jetzt ist offensichtlich: Es ist ein Kinderspiel, sowohl die Körperzellen an neue, glücklichere Umstände zu gewöhnen und das Unterbewusstsein interessante, neue kleine Dateien schreiben zu lassen. Selbst kleine Änderungen unserer Sichtweisen und Angewohnheiten sind im Stande, beachtliche Veränderungen nach sich zu ziehen, die sich auf unsere Lebensqualität auswirken, so dass wir ins Glück starten können. Diese innere Veränderung vollzieht sich nur dann, wenn wir spielerisch damit umgehen. Jeder Druck, jeder Zwang in diesem Prozess würde ungewollt immer gleichzeitig auch ganz unerwünschte Dateien in unser Unterbewusstsein schreiben und Häfen der falschen Sorte einrichten. Wir würden auf keinen Fall mehr am Ball bleiben, weil uns die Freude an der Sache abhanden gekommen wäre.

Dabei könnten wir es belassen. Allein zu erleben, was das simple Prinzip des »dreimal täglich Lächelns« für einen emotionalen Umschwung bewirken kann, wäre Grund genug, sich nun zurückzulehnen und das Leben zu genießen.

Möglicherweise ist aber Ihre Neugier geweckt, und Sie möchten sich anschauen, wohin uns dieser Weg weiterführen könnte?

Schauen wir uns also gerne einmal an, welche Möglichkeiten es gibt, noch weiter und tiefer in unser Unterbewusstsein einzugreifen.

Der Königspfad des Staunens und Wunderns

Falls Sie Gelegenheit hatten, die eine oder andere gedankliche Übung bereits auszuprobieren, dann dürften Sie gerade in alltäglichen kleinen Situationen bereits einige Verschiebungen Ihrer Gefühlswelt erfahren haben, die sich darauf auswirken, dass Sie diese öfter als glücklich empfinden, als es sonst der Fall gewesen wäre. Sie sind dann bereits auf dem richtigen Weg angekommen und gehen Ihrem Glück entgegen. Da sich diese Veränderung auf einer gedanklichen Ebene vollzieht, ist sie sogar nur dadurch initiiert, dass Sie dieses vorliegende kleine Büchlein gelesen haben. Durch verschiedene innere Bilder wurden hier und da schon neue Dateien geschrieben. Sie wissen, wie Ihre Gefühlswelt funktioniert, und können jetzt und in Zukunft selbst entscheiden, welche der Ihnen vielleicht zugetragenen Ratschläge wirklich sinnvoll sind und welche nicht.

Um diese Veränderungen auch tatsächlich zu erreichen, empfiehlt sich folgende Strategie:
- *Bleiben Sie gelassen und lehnen Sie sich zurück.*
- *Nehmen Sie Ihr Leben, als blickten Sie täglich in eine Wundertüte: Staunen Sie über die täglichen kleinen Geschenke des Lebens.*
- *Bewerten Sie möglichst nicht. Staunen Sie einfach.*
- *Gönnen Sie es sich, über Kleinigkeiten und vor allem sich selbst möglichst oft zu schmunzeln.*
- *Schenken Sie Ihrer Umgebung ab und zu ein Lächeln.*
- *Machen Sie sich Ihr tägliches Glück zu einer neuen Angewohnheit.*
- *Tragen Sie Sorge dafür, dass Sie nicht in alte Angewohnheiten verfallen.*
- *Gehen Sie auf spielerische Art und Weise Ihren Weg – dem Glück entgegen. Jeder Rückzug in alte Gefühlsgewohnheiten öffnet auch alte, dem Glück nicht förderliche Dateien und Häfen.*
- *Der Weg ins Glück ist kein Leistungskurs, sondern ein Pfad der Freude.*
- *Ergreifen Sie jede Gelegenheit, die Ihnen Freude bereitet, beim Schopfe. Betrachten Sie sie als ein Geschenk Ihres Glückes an Sie selbst.*

Achterbahn der Emotionen

Allein das Glück auf die soeben beschriebene Weise als eine sehr wahrscheinliche Interpretationsmöglichkeit des Unterbewusstseins wieder zurückintegriert zu haben, wirkt fast so, als hätten wir uns ein Stückchen Kindheit zurückerobert und mit ihm all seine wundervollen Qualitäten.

Das unspektakuläre Neuschreiben einiger weniger Dateien auf unserer parallelen Festplatte, verbunden mit der Umkonditionierung nur einiger weniger Häfen unserer intelligenten Körperzellen, hat schon jetzt eine Glückslawine unzähliger Datei-Flöckchen über unsere alten Gefühlsgewohnheiten schneien lassen. Dabei wurde enorm viel verändert, und es wird noch mehr verändert werden – und das ganz von selbst. Darüber hinaus beeinflusst es über Resonanzen auch unsere Umgebung. Achten Sie auch darauf: Ihr Glück wird ansteckend sein! Auch Ihre Umgebung wird hier und dort ein wenig mehr Glück erfahren, so dass nun wiederum Sie selbst kleine Glückssignale aus Ihrer Umgebung erhalten können. Es ist ein vollkommen neuer Kreislauf der Gefühle entstanden.

Nun wissen wir aber zudem, dass das Empfinden von Glück keinesfalls ein Dauerzustand ist. Unseren Alltag könnte man durchaus als eine kurvenreiche Achterbahn der Gefühle bezeichnen. Jede neue Situation, jede neue

Begegnung stellt eine weitere Kurve, eine neue Steigung dar. Je nachdem, ob wir es lieben, Achterbahn zu fahren, werden wir Freude dabei als Grundgefühl empfinden oder möglicherweise Unwohlsein, wenn wir vor der ereignisreichen Fahrt Angst haben.

Es ist anscheinend nicht vorgesehen, dass ein Mensch von morgens bis abends durchgehend Freude empfindet. Unsere Freude ist mal mehr und mal weniger groß. Und auch der Humor kann uns bisweilen verlassen. Es gibt in jedem Leben Situationen, in denen unsere Fröhlichkeit in den Hintergrund tritt, in der wir unsere Gelassenheit zu verlieren drohen: Dann ärgern wir uns vielleicht, sind unvorhergesehen in einen Konflikt geraten oder wir sind möglicherweise ängstlich, traurig, wütend oder regelrecht verzweifelt. Manchmal ist es einfach auch nur eine schlechte Laune, in die wir geraten können.

Es bedarf also noch eines Krisenmanagements, damit wir möglichst glimpflich und unverzüglich aus solchen Situationen auch wieder herauskommen.

Schlechte Laune gehört dazu!

Zunächst einmal ist es tröstlich zu wissen, dass das Erleben solcher Situationen zur Qualitätssicherung menschlichen Daseins gehört. Wir alle streben nach dem Glück, wir alle suchen nach den unterschiedlichsten Wegen dorthin, und wir könnten – aus Sicht der Menschheit –

die Fähigkeit, es immer wieder zu finden, nicht weiterentwickeln, wenn wir uns nicht auch immer wieder davon entfernen würden. Die Erfahrung »schlechte Laune« lässt uns also lernen.

So ist es vernünftig, sich gegen schlechte Laune nicht zu wehren, möglichst keinerlei Widerstand gegen sie zu entwickeln, denn dies bedeutet, unsere Gefühle abzublocken und zu verdrängen. Das ist weder sinnvoll noch hilft es uns. Es birgt im Gegenteil die Gefahr, unnötigerweise zusätzlich zu unserer schlechten Laune noch weitere Dateien zu schreiben und Häfen zu konditionieren, und zwar solche der unerwünschten Art.

Sobald sich nämlich die Neurotransmitter erst einmal auf den Weg gemacht haben, werden daraufhin von den Körperzellen unverzüglich die dazu passenden körperlichen Reaktionen eingeleitet. Ist dies erst einmal geschehen, dann *muss* dieser emotionale Zustand auf körperlicher Ebene rein biochemisch zunächst auch ablaufen. Nichts und niemand kann dies verhindern oder ändern. Die Körperzellen *verlangen* gewissermaßen die Ausführung unserer jeweiligen Emotionen immer auch auf körperlicher Ebene, wobei sorgfältig ein Gefühl nach dem anderen verarbeitet wird. Unvorstellbar, was mit uns geschähe, gäbe es dieses biochemische Abreagieren nicht! Dann stünden gewissermaßen Gefühle unterschiedlichster Art noch in Bereitschaft, gefühlt und gelebt zu werden, während weitere unentwegt hinzukämen. Wir würden unangemessen, also mit den falschen Gefühlen, auf die jeweiligen Situationen reagieren, wodurch ein Gefühlschaos entstünde. Dieses:»Immer–schön-der-Reihe-nach-Prinzip« stellt also gleichsam eine ökonomische Sicherheitsmaßnahme dar, es bewahrt uns davor, verrückt zu werden.

Krisenmanagement

Es gibt viele individuelle Wege, Zustände von Ärger oder schlechter Laune zu managen. Kreieren und probieren Sie gern Ihre eigenen aus. Es wird gelingen, wenn Sie einige Dinge dabei berücksichtigen.

Mit unglücklichen Gefühlen gehen wir am besten so um: Wir lassen ein jedes von ihnen vorbeiziehen, wie eine Wolke am Himmel. Je weniger Widerstand wir dabei gegen dieses Gefühl entwickeln, desto schneller wird es vorbeigezogen sein. Erst danach ist der richtige Zeitpunkt, wieder Ordnung in unsere Emotionen zu bringen und kreativ in unsere Gefühlswelt einzugreifen. Nun können wir uns gezielt in ein positives Gefühl hineinversetzen, um sicherzustellen, dass das aktuellste Signal an unsere intelligenten Körperzellen ein positives und erwünschtes ist.

Stellen wir uns vor, wir würden uns unvermittelt über etwas ärgern. Unser Verstand mag uns melden, dass es nicht lohnt, sich über Kleinigkeiten aufzuregen, vielleicht meinen wir sogar, wir hätten gar keinen Grund, uns zu ärgern. Doch der Ärger ist da, hat sich längst verselbstständigt und überkommt uns mit voller Wucht. Hier sind biochemische Abläufe schon mitten in Gang und sie müssen ablaufen, bis sie abgeschlossen sind. Überdies ist eine emotionale Krisensituation ein Zustand, der in uns instinktive und lebensrettende Ordner ganz automatisch öffnet. Zu sehr ähneln sie Situationen, die wir beispielsweise als Urzeitmensch bei der Verteidigung unseres eigenen Lebens oder gar des ganzen Rudels erfahren haben. Die emotionalen Reaktionen darauf sind vollautomatisierte Abläufe, über die wir bis heute verfügen. Sie sichern unser Leben. Auch sie können wir nicht unterbinden. Und sie sind es, die uns in Zuständen schlechter Laune vorsichtshalber mit einer gehörigen Portion Adrenalin ausstatten, mit einer vergrößerten Bereitschaft, uns zu verteidigen und auch anzugreifen. Sie stellen uns eine ausreichende Portion Aggression zur Verfügung, damit wir im äußersten Notfall unser Leben retten können. Um dies so effizient wie möglich zu leisten, werden alle anderen Fähigkeiten, die nicht mit Abwehr oder Verteidigung zu tun haben, kurzzeitig stillgelegt. Sie treten vorübergehend hinter unseren emotionalen Fähigkeiten zurück.

Aus diesen Hintergrundinformationen über unsere schlechte Laune ergeben sich klare Folgerungen:

Alle Situationen, die diesen Mechanismus in uns auslösen, sind anders gesteuert als die alltäglichen Abläufe. Es ist kaum sinnvoll, hier noch vernünftig sein zu wollen.

Dies wird nicht wirklich funktionieren, denn wir haben keine Kontrolle darüber. Lehnen wir uns zurück und warten geduldig ab, bis sie vorbei sind.

Warum sich also über Wellen roter Ampelphasen ärgern? Gewiss stehen sie uns pausenlos im Weg und bedrohen den kleinen Neandertaler in uns. Ärgern wir uns also gerne ein wenig und warten wir, bis der Spuk vorbei ist. Haben Sie keine Sorge, Sie werden nicht Ihren Speer zücken und sich zum Mörder dieser elektronischen Verkehrsanlage machen: Auch hier verfügen wir über Schutzmechanismen, die uns vernünftig bleiben lassen. Es ist dann, als würde etwas in uns »Nein« sagen und uns dazu bewegen, aus einer solchen gedanklichen Situation unverzüglich auszusteigen.

Dieses Aussteigen ist es, welches wir uns in sämtlichen Krisensituationen zu Nutze machen können.

Sollten wir vielleicht das nächste Mal beispielsweise in einen Streit mit unserem Partner geraten, dann erinnern wir uns daran, dass wir uns unter Umständen in einer Krisensituation befinden: Zum Zwecke der Verteidigung werden wir aggressiver sein als üblich, und wir laufen Gefahr, jemanden »anzugreifen«, den wir doch lieben.

- *Unsere Versuche, zur Vernunft zu kommen, werden scheitern, denn der Neandertaler in uns ist nicht vernünftig, während er sein Leben rettet.*
- *Einem Gegner hören wir dann auch nicht zu. Wir können nur uns selbst zuhören, haben nur die Verteidigung unserer Position im Kopf.*
- *In einer solchen Situation kann man nichts miteinander klären!*
- *Wir sind in diesem Moment in den meisten Bereichen unseres Urteils-Handlungs-Vermögens blockiert.*

Aus einer derartigen Situation sollten wir uns sofort herausziehen. Wir könnten beispielsweise sagen: »Ich möchte das gerne mit dir klären, doch zuvor muss ich mich beruhigen.« Dies ist ein erster Schritt, um die Situation zu entspannen. Ziehen wir uns zurück. Legen wir uns aufs Sofa, begeben wir uns in die Badewanne, genießen wir ein Vollbad, während unsere Körperzellen in aller Ruhe ihr Programm ablaufen lassen. Ertragen wir widerstandslos alle biochemischen Vorgänge in uns. Wenn wir hier wirklich nicht eingreifen, dann ist dieser Spuk in einer halben Stunde vorbei. Er klingt nach und nach ab.

Danach erst sollten wir darüber nachdenken, welche Dateien wir möglicherweise gerade neu geschrieben haben. Da mag es eine neue Datei von Aggressionserfahrung geben inmitten eines Ordners, den wir eigens für unseren geliebten Partner angelegt hatten. Das ist eine nicht sehr glückliche Perle einer uns so wichtigen Perlenkette.

Das mag Motivation genug sein, hier einzugreifen, mitzumischen und gezielt eine neue, bessere Datei gleich hinterherzuschreiben.

Diese neue Datei sollte eine Hollywood-Version unserer Krisenerfahrung sein – mit einem Happy End, um an die bildliche Erinnerung ein Glücksgefühl anhängen zu können.

Während wir unser Vollbad genießen, könnten wir uns dieselbe Situation erneut vorstellen, sie auf unserer inneren Kinoleinwand in der Glücksversion ablaufen lassen und dort beginnen, wo unsere Welt noch in Ordnung war, an einem Punkt also, bevor wir zum angriffslustigen Neandertaler geworden waren. War das vielleicht der Moment, kurz bevor wir das Gefühl hatten, aus den Worten unseres Partners herauszuhören, dass wir ihn nicht genug liebten? Hatte er oder sie vielleicht gerade gesagt: »Du verstehst mich nicht?« Oder: »Immer denkst du nur an Fußball!« Oder etwa: »Immer bin ich es, die den Mülleimer rausbringen muss!« Häufig sind es scheinbar belanglose Sätze, die Auslöser für unser vollautomatisches Krisenmanagement sein können und den Situationen vorangehen, in denen wir den Kopf verlieren, in denen uns die Wut so richtig packt.

Gehen wir zurück zu der Situation, in der das Verhältnis zu unserem Partner noch ungetrübt und harmonisch war. Stellen wir uns vor, wir hätten uns viel mehr Mühe gegeben, ihn wirklich zu verstehen und intensiver auf seine Gefühle zu achten als darauf, wie er sie formuliert. Wir hätten dann mitgefühlt und sehr schnell begriffen, wie einsam und verlassen er sich gerade vorkommt. Das hätte uns sehr leidgetan. Wir wären einfach auf ihn zugegangen, hätten ihn in die Arme genommen und gesagt: »Ich verstehe dich. Keine Sorge, ich bin da.« Wir hätten die Zeit kurz stillstehen lassen, um dieses tröstliche Gefühl der Zweisamkeit, des Vertrauens und der Liebe zueinander tief in uns aufzunehmen. Wir hätten voneinander nicht mehr ablassen wollen. Und wer weiß, vielleicht wären wir sogar gemeinsam in die Badewanne gestiegen und hätten das Vollbad auf unsere Art außergewöhnlich genossen.

Lassen Sie Ihrer Fantasie freien Lauf, wenn Sie Ihre Hollywood-Version gestalten, sorgen Sie nur für ein Happy End und lassen Sie die positiven Empfindungen, die diesen Film begleiten, in voller Intensität in sich aufkommen. Und schon haben Sie Ihrer doch so wichtigen Perlenkette eine aktuelle Datei hinzugefügt, eine neue Perle, die auch Ihr Unterbewusstsein noch für eine geraume Zeit weiter faszinieren wird.

Genießen Sie Ihre Partnerschaft und gehen Sie davon aus, dass Sie sich das nächste Mal in einer ähnlichen Situation nicht mehr so gut ärgern können wie bisher.

Glück als Lebenshaltung

Das Glück hat uns also nicht verlassen. Es ist niemals fort, sondern befindet sich in uns. Um ihm zu begegnen, sollten wir innehalten. Das erscheint einfach und ist es auch. Es ist womöglich simpel genug, um das Glück in uns versehentlich immer wieder zu vernachlässigen oder gar zu vergessen.

Sollten wir uns also über längere Strecken unglücklich fühlen, dann hat uns nicht etwa das Glück im Stich gelassen, sondern wir das Glück.

Ein jeder von uns kennt Menschen in seinem Umfeld, die sehr glücklich, warmherzig und liebevoll zu sein scheinen. Diese Menschen sind in der Regel nicht millionenschwere Erben, sie werden auch von Schwierigkeiten nicht umschifft, weder von Schicksalswandlungen noch von den kleinen Problemen des Alltags. Sie haben ebenso die eine oder andere Beule ins Auto gefahren wie die meisten anderen Menschen, auch sie werden ab und an von ihrem Chef gerüffelt und auch sie haben im Laufe ihres Lebens den einen oder anderen wirklichen Verlust erleben müssen.

Trotzdem lächeln sie!

Trotz all dieser »negativen« Erfahrungen scheint das Glück ihnen so weit treu zu bleiben, dass sie ihr Leben und ihren Alltag als glücklich empfinden. Und genau das strahlen sie auch aus.

Wir wissen nun, dass unser Glücksempfinden viel weniger von äußeren Umständen abhängt, als wir es gerne behaupten möchten. Nein, es war nicht der böse Vater, es war auch nicht die egoistische Mutter, die uns nie wirklich wahrnahm, es war auch nicht der ungerechte Lehrer – es waren nicht sie, die so früh die Weichen dafür stellten, dass wir selbst nun als Unglückstropf einsam zurückgeblieben sind.

Die Ursache dafür liegt nicht darin, wie man oder jemand oder etwas mit uns umgegangen ist. Der Zusammenhang ist ein ganz anderer: Es ist entscheidend, wie wir mit uns selbst umgehen. Unsere emotionale Befindlichkeit, unser »Glücksklima«, steht in Relation zu unserem Umgang mit Gefühlen und den zahlreichen Mechanismen, die wir uns hierfür regelrecht antrainiert haben.

Wenn wir uns nun entscheiden sollten, unser Leben glücklicher zu gestalten, dann warten wir also nicht länger auf den Lottogewinn oder einen sicheren Arbeitsplatz, sondern handeln in unserem eigenen Interesse: Wir ändern unsere inneren Prozesse, indem wir in festgefahrene Mechanismen eingreifen und trainieren sie schlichtweg um.

Dieses Umtrainieren wird kein Umbruch sein. Wir müssen uns dafür auch nichts abgewöhnen – keine Sorge. Stattdessen gewöhnen wir uns neue und gute Reaktionen an und nehmen sie gewissermaßen hinzu. Das ist eine Bereicherung.

Glück als Lebenshaltung 147

Machen wir uns also jeden Tag ein wenig reicher. Hegen und pflegen wir unsere Gefühle, indem wir alle Mechanismen, mit denen wir sie »verarbeiten«, liebevoll im Blick behalten. Achten wir darauf, welche Informationen wir unseren Körperzellen liefern, und senden wir ihnen von Zeit zu Zeit ein »Glückspralinchen«. Beginnen wir ganz einfach mit sehr kleinen Schritten. Mogeln wir zunächst gerne das eine oder andere kleine Glücksgefühl in unsere Blutbahn, überraschen wir unsere Körperzellen mit positiven Meldungen, auch dann, wenn diese anfangs vielleicht allesamt »gemogelt« sind und wir sie uns noch einreden müssen.

Begeben wir uns auf diese Weise auf den Weg ins Glück, ganz allmählich, ohne Anstrengung und großes Aufsehen. Dies ist das Gegenteil eines Kraftaktes: Es ist nichts weiter als eine kleine, neue, noch unauffällige Angewohnheit, für die es anfangs nichts weiter braucht als einen neuen Vorsatz.

So verändern wir zunächst den Umgang mit unseren Gefühlen und werden dann am Ende uns selbst verändert haben. Unser Bewusstsein, unser Unterbewusstsein und auch unser Körper werden uns dabei nur allzu gerne behilflich sein, denn sie mögen keinen Stress. Wo sie können, vermeiden sie ihn. Im Grunde sehnen sie sich zurück in frühe Kindertage, in die Zeit, in der wir in Mamas Armen lagen und das Glück in seinem vollen Ausmaß empfinden konnten.

Dieser Weg wird also ein leichter sein.

Es genügt, wenn wir uns vornehmen, ihn zu gehen. Es genügt, wenn wir zu dieser kleinen Veränderung einfach »Ja« sagen. Investieren wir zu Beginn jeden Tag dreimal eine Minute in unser Glück, indem wir innehalten und gezielt ein kleines Glücksempfinden in uns hervorrufen. Das entspricht sozusagen einer dreifachen Portion von »Glückspralinchen« an unsere Körperzellen – und mehr braucht es nicht.

Alles Weitere geschieht dann von selbst. Im Laufe der Zeit werden unsere Körperzellen so viele Häfen ausgestaltet haben, die nach weiteren Glücksinformationen rufen. Sie werden dann das Phänomen der Self-fulfilling Prophecy initiieren, nur diesmal im allerbesten Sinne: Sie rufen das Glücksempfinden direkt vom Unterbewusstsein ab, welches in der Zwischenzeit ausreichend neue Ordner angelegt, alte Dateien umgeschrieben und neue hinzugefügt hat. Sie werden dem System melden: Hallo, es ist mal wieder allerhöchste Zeit für ein kleines Glücksgefühl! Und sie werden es geschenkt bekommen. Unser Unterbewusstsein wird dann ganz von selbst innehalten und sich so lange nach Glück umsehen, bis es dieses gefunden hat.

Dank einer kleinen neuen Angewohnheit sind wir also in der Lage, das Glück in unseren Alltag zu integrieren. Und wir sind frei, zu entscheiden, wie viel Glück wir uns wünschen. Ebenfalls haben wir die Wahl, unsere guten Absichten schleifen zu lassen und unserer Unglücksneigung für eine gewisse Zeit wieder freien Lauf zu lassen.

Das macht nichts. Denn wir können jederzeit wieder neu durchstarten und uns sagen: Ab heute gewöhne ich mir das Glücklichsein wieder mehr an.

Ganz wie es Ihnen gefällt, können Sie sich aussuchen, ob Sie ein kleines Glücksbärchen sein möchten oder ein ausgesprochener Glücksritter.

Dieses Buch könnte hier eigentlich enden, denn es enthält schon alles, was man wissen sollte für den Fall, dass man sich zum Glück hinbewegen möchte. Über das Wesentliche hinaus aber gibt es noch die eine oder andere Kleinigkeit, die uns in unserem Vorhaben unterstützen kann und die ich Ihnen natürlich nicht vorenthalten möchte.

# Die Kraft der Worte

Worte besitzen ein enormes emotionales Potenzial, egal in welcher Sprache oder Lautstärke sie gesprochen werden. Sie sind immer ein Herzenssignal desjenigen, der sie spricht. Diese Sätze stammen von einer sehr guten Freundin, und ich kann sie nur unterstreichen.

Worte können sich direkt auf unsere Körperzellen auswirken. Einige Worte haben sogar die Kraft, eine Abkürzung zu nehmen. Sie gehen nicht den Weg über unseren Verstand und unser Unterbewusstsein, sondern sie können unsere intelligenten Körperzellen direkt treffen. Sprechen wir solche Worte selbst aus, reagieren wir noch stärker auf sie, als wenn andere sie aussprechen. Dies ist ein weiterer wichtiger Weg, auf die Häfen unserer Körperzellen Einfluss zu nehmen.

Es ist vollkommen unerheblich, auf welche Art und Weise unser Unterbewusstsein Erfahrungen sammelt. Wir Menschen können sie selbst erleben, wir können aber auch dabei zuschauen, wie andere Menschen Erfahrungen machen, wir können darüber lesen oder einen Filmbericht sehen, wir können es hören. Unser Unterbewusstsein behandelt sämtliche Erfahrungen gleich und speichert sie alle. Es speichert die Signale von Spannungsmomenten und Gefahrensituationen, während wir ein Fußballspiel oder einen Horrorfilm sehen, und wir schütten Hormone des Verliebtseins in unsere Blutbahn, wenn Scarlett O'Hara und Rhett Butler sich küssen, wir erleben Erfolgsgefühle, wenn George Clooney seinen Raub in dem Film »Ocean's Eleven« erfolgreich ausgeführt hat. Schauten wir dabei zu, wie eine gute Freundin eine entspannende Massage bekommt – unsere Körperzellen reagierten geradezu, als würden wir selbst verwöhnt werden, zumindest aber kann es den Wunsch in uns schüren, ebenfalls massiert zu werden.

Ebenso speichern wir Dinge, die wir hören. Das mag ein ganzes Hörspiel sein, aber auch einzelne Worte, wenn sie ein Gefühl in uns auslösen.

Immer wieder zeigt die Erfahrung, dass das gesprochene Wort einen großen Einfluss auf unser Gefühlserleben hat. Den größten Einfluss scheint hier das von uns selbst gesprochene Wort zu haben.

Dieses Phänomen mag man sich traditionell in Gebeten bedient haben. Auch weiß man, dass das wiederholte Vorlesen und laute Selbstlesen von Märchen eine heilende Wirkung hat. Inzwischen gibt es praktizierende Märchentherapeuten, die erstaunliche Erfolge vorweisen können. Unter den Geistheilern erlebte ich einst einen »Gesundredner«, und ich war schier erstaunt, was seine eindringlichen und kraftvoll gesprochenen Worte für Vorgänge in meinem Körper auszulösen vermochten.

Wir wissen von Hebammen, dass sie Frauen unter einer zögerlichen Entbindung direkt auf deren Organe »einreden« lassen, so sprechen die Frauen beispielsweise direkt zu ihrem Muttermund: »Du kannst dich jetzt öffnen!« – und es funktioniert nach einigen Wiederholungen.

Wie gut und wie gesund ist es, dieses Phänomen nun auch im privaten Rahmen *bewusst* nutzen zu können, es in den eigenen Alltag zu integrieren und die Kraft der Worte hier gefühlsstärkend und heilend einzusetzen. Es gibt den sinnvollen Vorsatz, seine Worte etwas gründlicher zu wählen und Formulierungen möglichst positiv zu gestalten. Der Alltag wird es uns danken.

In früherer Zeit habe ich die Kraft der Worte während meiner Seminare gerne demonstriert: Ich schlug allen Teilnehmern vor, sich in einem großen Kreis aufzustellen, trat in die Mitte und bat alle, sich möglichst entspannt hinzustellen und sich zu merken, wie sich ihr Körper in diesem Moment anfühlt. Dann kündigte ich an, dass ich gleich etwas Gemeines sagen würde, das richtig wehtäte. Ich fügte aber auch hinzu, dass ich dabei lügen würde. Ich würde also nicht die Wahrheit sprechen, und der Verstand wusste das, konnte es also bewerten. So stand ich inmitten eines Kreises von Paaren, die sich schon lange vergeblich ein Baby wünschten und sagte laut und deutlich: »Männer, die ihre Frauen nicht schwängern können, sind Schlappschwänze!«

Dieser Satz schlug wie ein Blitz ein. Dass er unwahr ist, weiß jeder. Und doch kann ich die Durchschlagkraft selbst jetzt noch beim Schreiben dieses Buches an meinem Schreibtisch spüren.

Und so erging es natürlich auch den Seminarteilnehmern. Ein jeder von ihnen veränderte sofort die Körperhaltung. Ich bat jeden Einzelnen, mir zu sagen, in welchen Körperbereichen sie den damit verbunden Schmerz empfunden haben.

Tatsächlich empfindet jeder Mensch eine solche Schlagkraft in seinen eigenen, individuelleren Bereichen. Bei dem einen werden vielleicht die Ohren heiß, der nächste ballt die Fäuste, ein anderer empfindet einen Schlag ins Gesicht oder direkt in die Magengrube.

Man muss regelrecht Mitleid mit den armen Körperzellen haben. Sie hören den ganzen Tag irgendwelche Worte oder Phrasen und müssen unmittelbar darauf reagieren.

Natürlich ließ ich die Wuscheltern nicht mit ihrem Schmerz dort alleine stehen. Ich beendete diese Übung gerne mit einer weiteren Unwahrheit, oder doch zumindest mit einer Aussage, für deren Wahrheit ich nicht meine Hand ins Feuer legen konnte: »Alles wird gut«, sagte ich laut und deutlich. Und dann wiederholte ich diesen Satz. Ich konnte dabei zuschauen, wie die Körper der Menschen im Kreis sich wieder entspannten und dann allmählich aufrichteten.

Dieser Übung bediente ich mich, um zu veranschaulichen, was für einen Schock allein eine Diagnose auslösen kann oder die unüberlegten Bemerkungen gutmeinender Freunde oder Familienmitglieder. Paare mit einem unerfüllten Kinderwunsch können nicht nur unendlich traurig sein, weil sie sich so intensiv nach einem Baby sehnen, sie sind zumeist darüber hinaus schon unglaublich oft »verwundet« und verunsichert worden. Jede noch so kleine diagnostizierte hormonelle Abweichung von der Norm kann daher für sie schon eine kleine Bedrohung darstellen oder einen Schmerz auslösen, der im Laufe der Zeit mit weiteren Diagnosen immer größer wird. Um diesen Selbstläufer zu stoppen, musste ich zunächst einmal das Phänomen selbst vorführen.

Übertragen in den Alltag finden solche Verletzungen überall statt. An den großen und kleinen Verwundungen der Menschen entlang, aber immer auch mit der Kraft der Worte.

Ein jedes Wort hat seine Wirkung auf unser Gefühlsleben. Einige Worte aber haben eine besonders starke Wirkung auf uns. Da es ausgerechnet solche sind, die wir für gewöhnlich sehr häufig verwenden, sollten wir um deren Wirkung Bescheid wissen. Mit diesem Wissen können wir besser auf uns achten und auch darauf, was wir gesagt bekommen oder selbst als Botschaften aussenden.

Ein liebevoller Umgang miteinander braucht kein »Nein«

Achten wir zunächst selbst auf unsere eigene Wortwahl im Alltag. Streichen wir zuerst das Wörtchen »Nein«, weil dieses vom Unterbewusstsein nicht verstanden werden kann, wie wir schon erfahren haben, und so ein unsichtbares Einstiegstürchen für Manipulation und Verwirrung ist und eine große Distanz zum Glücklichsein schafft. So geht ein »Nein-Signal« einfach durch bis zur Körperzelle und löst dort ein Gefühl aus, das einem kleinen Schmerz gleicht.

Wir erinnern uns: Unser Unterbewusstsein kennt keine Negation. Es kann deshalb zu einem »Nein« auch keine Bilder liefern.

Stellen Sie sich vor, Sie stünden startklar zum Malen vor einer schönen Staffelei und sollten das Wort »Nein« künstlerisch auf die Leinwand bannen. Rasch müssen wir feststellen, dass dies nicht möglich ist. Es ist eine interessante Beobachtung, dass die meisten Menschen sich in dieser Situation ein großes X vorstellen oder einen kraftvollen Querbalken, stellvertretend für den Gedanken: »Hier geht es nicht weiter«, und für das Gefühl einer Ablehnung und das körperliche Empfinden einer Verletzung. Ein klares Nein hat also eine erstaunliche Wirkung. Es ist machtvoll – und dies nicht nur in unserer Gefühlswelt. Es wird nicht nur vom menschlichen Körper wahrgenommen, sondern auch von Tieren und Pflanzen. Ja, sogar ein Wassertropfen verändert seine Molekülstruktur allein auf die klangliche Schwingung des vermeintlich kleinen Wörtchens »Nein« hin, das offensichtlich eine große Macht besitzt.

Von dem japanischen Wissenschaftler Emoto wissen wir, dass Wasser die Ausformung seiner Wasserkristalle vollkommen veränderte, nachdem es dem Einfluss bestimmter Worte ausgesetzt war. Für diesen Nachweis fotografierte er die Kristalle, die das Wasser einer Region oder eines Gewässers gewöhnlich bildet. Anschließend setzte er dieses Wasser gezielt ausgesprochenen Worten aus, welche definitiv gedanklich an das Wasser gerichtet wurden, und fotografierte die Kristalle danach erneut: Die Fotos zeigen eine vollkommen veränderte Kristallstruktur! Auch Gebete, die ans Wasser gerichtet sind, zeigen eine solche Wirkung. Positiv zu wertende Worte wie »Ja« oder »Danke« verschönerten subjektiv die Kristallstruktur, während negativ zu wertende Worte sie verunstalteten, allen voran das Wörtchen »Nein«!

Dieses unmittelbare Verändern der Kristallstruktur stellt sich im übertragenen Sinne auch bei uns Menschen ein.

Es scheint, dass das Wort »Nein« bei unserem Gesprächspartner prompt eine oppositionelle Haltung auslöst. Gehen wir deshalb bedacht damit um. Ersetzen wir übliche Phrasen, die wir beispielsweise den kleinen Kindern so gerne kopfschüttelnd sagen, wenn sie etwas tun möchten, mit dem wir nicht einverstanden sind, wie: »Nein, nein ...«, doch in etwas Kooperatives wie: »Es macht wohl Spaß, in Mamas Blumenerde zu spielen, lass uns später auf den Spielplatz gehen, dort kannst du nach Herzenslust im Sand buddeln.«

Verwandeln wir doch gerne ein »Ja, aber ...« in ein »Aber ja!«, oder unser »Gewohnheits-Nein« in ein »Ja, ich verstehe«. Machen wir das Beste aus all diesen Erkenntnissen und beginnen wir, unseren Sprachgebrauch möglichst positiv zu gestalten. Entwickeln wir unsere Kreativität, indem wir nach und nach die Formulierungen erneuern, die schlichtweg nicht die Informationen zu unseren Gesprächspartnern transportieren, die wir eigentlich mit ihm teilen wollten. Statt »Nein, danke!« sollten wir lieber öfter mal »Danke!« sagen.

So wie das Wort »Nein« sichtbar und spürbar eine nicht erwünschte Veränderung in uns bewirkt, scheint es, dass die Worte »Ja« und »Danke« eine gegenteilige Reaktion in uns auslösen: Sie führen zu einer Öffnung, einer Hinwendung zum Absender des Wortes und letztendlich zum Gefühl des Glücklich- und Zufriedenseins.

Manchmal lasse ich meine Patienten ihren Wunsch auf einem Blatt Papier malen. In meiner Praxis geht es dabei oft um den Wunsch nach einem Kind. Dieser Wunsch ist einer der ganz großen Wünsche, die ein Mensch haben kann, deshalb eignet er sich so gut, um auch die Prinzipien der kleineren Wünsche im Leben eines Menschen zu veranschaulichen. Aber auch die großen und kleinen Verletzungen, die wir bezüglich des einen oder anderen Wunsches in uns tragen, werden hier deutlich.

Solche gemalten Bilder sollen aus dem Herzen kommen. Manchmal entstehen dabei Symbole, manchmal sind es auch ganze idyllische Situationen oder Landschaften. Deshalb *kann* man sie gar nicht bewerten. Man kann ohnehin einen Wunsch überhaupt nicht bewerten. Meine Patienten aber sind in vielen Bereichen schon so verunsichert, dass tröstende Worte allein nicht helfen. Ich setze deshalb ein dazugehöriges Gefühl frei, um ganz deutlich zu machen, dass hier bereits eine tiefe Verunsicherung stattgefunden hat. Wieder kündige ich zuvor an, dass ich jetzt mogeln werde. Ich zeige mit dem Finger auf das Bild und sage: »Das ist allenfalls eine 5 plus!« In dieser Situation laufen die Tränen. Immer! Da mischen sich alte Bewertungserfahrungen aus der Schule, nämlich durch die genannte Zensur, mit einem emotionalen Terrain, was im Laufe vieler Arztbesuche und zahlreicher Diagnosen schon so äußerst verletzlich ist, dass es sich tragen lassen muss, wie ein viel zu schwerer Rucksack.

Die 5 plus war gelogen. Und sie schlug dennoch ein wie eine Panzerfaust.

Ich nutze diesen Moment nur ganz, ganz kurz, um die Verletzung an sich zu verdeutlichen, und steuere dann auch schon sofort dagegen und sage: »Ab sofort traust du nur noch dir selbst!« Ich erkenne an, was ist, und fahre dann etwa so fort: »Allein die Tatsache, dass du hier bist, ist ein Schritt deinem Wunschkind entgegen. Jeder Weg, den du bisher irgendwohin gegangen bist, um schwanger zu werden, geschieht aus deiner Motivation heraus, Mutter zu werden, ist ein mütterliches Handeln – also sitzt du hier in meinen Augen auch als Mutter.«

Was habe ich da getan? Ich habe einen Ordner der zweiten Festplatte aufgerufen, der schon so voll war mit Zweifeln und negativen Informationen und Erfahrungen, dass man sich ihm im Grunde nur noch annähern muss, damit er sich von alleine öffnet und dann wie von selbst auch all die mit ihm verbundenen Gefühle freisetzt. Ich warte kurz ab, bis die Tränen versiegt sind, und schreibe dann unverzüglich eine vollkommen neue Datei in diesen verletzten Ordner. Ich erkenne an, was ist, mehr nicht. Ich sage: »Du handelst als Mutter. Wäre ich dein Kind, dann wäre ich stolz auf dich!« So habe ich eine neue Spur in den Schnee geschrieben, wohl wissend, dass meine Wunschmutter ganz von selbst daraus eine neue Piste fahren wird, nicht lange, und sie kann es sich selbst sagen: »Ich handle als Mutter.«

Es geht also nicht nur um die Kraft der Worte allein, es geht immer auch um das Terrain, auf das sie treffen. Jeder Mensch verfügt sowohl über verletzte Bereiche als auch über gestärkte. Im Umgang mit unseren Mitmenschen ist es ratsam, die bereits gestärkten Bereiche noch mehr zu stärken. Sie sind die offenen Türchen, durch die man einen Menschen immer erreichen kann. Sagen wir also nicht: »Ach, ärgere dich nicht über die 4 in Deutsch«, sagen wir doch lieber: » Mein Goldjunge hat ein Mathetalent!« Die Erfolge in Mathe werden dann im Laufe der Zeit von ganz alleine auf die anderen – in diesem Fall schulischen – Bereiche übergehen.

Erkennen wir bestenfalls an, was ist. Und merken wir uns, dass es einige Formulierungen und Worte gibt, die eine große Kraft haben, ganz von selbst. Sie treffen, ob wir das nun beabsichtigen oder nicht. Treffen wir, auch unabsichtlich, mit einer unbedachten Formulierung in ein bereits Verletztes emotionales Gefilde, dann kann dies eine regelrechte Verletzung hervorrufen.

Vermutlich hat ein jeder Mensch auf diese Art und Weise schon einmal einen anderen verletzt. Ganz frei jeder Absicht. Das kommt vor, und es gehört leider zu unserem Alltag.

Wir sollten einfach nur wissen, dass das so ist. Und wir können eine kleine Auswahl an »Zauberwörtchen« parat haben, um im Falle eines Falles sofort eine positive Information in unser System hinterherzuschicken.

Das Gegenteil von Nein ist Ja. Da eine jede wirkliche Veränderung immer zuerst in uns selbst stattfindet, sollten wir zunächst ein Nein immer seltener gebrauchen, wohl wissend, wie scharf seine Klinge ist, und es durch ein liebevolles Ja ersetzen.

Ist Ihnen schon aufgefallen, dass Kinder das oft tun? Meine kleine Freundin Anna hatte für ein paar Jahre die Angewohnheit, auf vielerlei Fragen oder Anregungen laut und begeistert »Ja!« zu rufen. Man hatte oft den Eindruck, sie würde es singen. Da war sie ungefähr fünf Jahre alt. Wir fragten beispielsweise die Kinder, ob wir langsam mal zu Mittag essen wollten, da hüpfte die kleine Anna schon begeistert auf der Stelle und rief: »Ja, ja, ja!«, und so ging das den ganzen Tag. Ob Badewanne, Buddeln, Spazierengehen, Anna war die Ja-Sagerin hier bei uns. Und alle Erwachsenen spürten: Von ihr kann ich noch was lernen.

Vermutlich könnten wir das alle. Wie weit haben wir uns von dieser positiven Einstellung entfernt? Da mag uns eine gute Freundin anrufen und fragen, ob sie uns für ein paar Tage besuchen darf. Was tun wir dann gewöhnlich? Wir müssen erst einmal nachdenken.

Und dann reagieren wir vor allem mit Widerständen und Einwänden. Was sagt der Terminkalender? Wie steht es mit meinen Kräften? Was sagt mein Partner dazu? Werde ich es schaffen, vorher noch die Wohnung aufzuräumen, das Gästebett neu zu beziehen?

Das ist doch eigentlich schade. Warum hüpfen wir nicht einfach erfreut auf der Stelle und rufen laut: »Ja, ja, ja!«? Weil wir bis zu diesem Augenblick übersehen haben, welche dumme Angewohnheit wir pflegen. Fügen wir ihr schleunigst eine neue hinzu und üben wir, »Ja« zu sagen.

Ein Ja ist das Gegenteil eines verbalen Kampfinstrumentes, es öffnet die Herzen der Menschen, mit ihm brauchen wir nicht zu haushalten und auch nicht zu geizen, wir können von früh bis spät bejahen. Nehmen wir uns doch für nur eine Stunde mal vor, jeden unserer Sätze mit einem Ja zu beginnen.

Unsere Körperzellen werden sich erholen wie selten. Denn sie reagieren auf die von uns selbst gesprochenen Worte ebenso wie auf die von anderen Menschen. Nehmen Sie sich einmal eine Auszeit vom Wörtchen »Nein«. Ich verspreche Ihnen, dass Sie dies am ganzen Körper spüren und am Lächeln in Ihrem Gesicht sehen werden, das sich von selbst einstellen wird.

Kürzlich erhielt ich eine E-Mail vom Ehemann einer Patientin. Sie hatte mich wegen eines Burn-out-Syndroms aufgesucht. »Liebe Biggi«, schrieb er, »was hast du mit meiner Frau gemacht? Sie kommt morgens in die Küche mit einem Lächeln im Gesicht. Das gab es bei uns schon jahrelang nicht mehr. Kein Blumenstrauß, kein Opernbesuch konnte ihr in all dieser Zeit ein morgendliches Lächeln ins Gesicht zaubern. Wie hast du das gemacht?«

Ich antwortete ihm: »Lieber Gerd, ich habe deine Frau gebeten, morgens, bevor sie aufsteht, zu jedem einzelnen Tag einfach nur Ja zu sagen und dann unvoreingenommen zu schauen, welche Wunder und Geschenke er für sie bereithält.«

Natürlich war das nicht alles. Dennoch trifft dieser Satz den Kern. Sagen wir doch einfach mal Ja.

Dank und Anerkennung

Ein weiteres und nochmals kraftvolleres Zauberwort ist das »Danke«. Ein Dankeschön öffnet nicht nur die Herzenstüren, sondern es bringt Anerkennung zum Ausdruck und vermittelt Zugehörigkeit.

Anerkennung und Zugehörigkeit sind überlebenswichtige Gefühle. Die Zugehörigkeit benötigen wir ursprünglich, um Teil eines Rudels sein zu dürfen. Dies war für unsere Vorfahren existenziell. Die Anerkennung weist uns unseren Platz im Rudel zu. Das verschafft uns innere Sicherheit.

Ein Dankeschön im Alltag hält die Dinge im Fluss und vermittelt immer auch Stabilität.

Eine Kollegin von mir schafft es, jede Woche ihre Mülltonne vollkommen überladen vor das Haus zu stellen. Nach so mancher gründlicher Aufräumaktion stellt sie öfter mal unbekümmert noch etliche Mengen Hausrat neben die Tonne – und immer wird alles ohne Beanstandung abgeholt. Ich hatte mich schon gefragt, wie sie das anstellt, denn ich weiß aus eigener Erfahrung, wie schnell es passieren kann, dass nicht aller Müll mitgenommen wird. Meine eigene Tonne wird schon dann nicht geleert, wenn der Deckel nicht mehr zugeht. Meine Freundin aber kümmert das nicht, bei ihr wird immer alles abgeholt.

Eines Tages hatte ich sie wieder besucht und kam in die Situation, eine Mülltüte zur Tonne zu bringen. Ich öffnete den Deckel der Tonne und fand an der Innenseite des Deckels einen Zettel, auf dem stand geschrieben: »Ich danke euch, ihr goldigen Jungs!«

Ich kenne meine Kollegin gut. Sie ist ein herzenswarmer Mensch. Ganz sicher ist sie ab und an mit einem Tablett Kaffeetassen den Müllmännern entgegengegangen und vermutlich klebte an ihrem Zettel auch ab und an ein kleines Trinkgeld. Doch das allein ist es nicht. Auch ich gebe ab und zu Trinkgeld. Das reicht dann aus für eine einzige Leerung und dann ist alles wieder beim Dienst nach Vorschrift. Nicht so bei meiner Kollegin. Ihr herausragendes Talent, die Leistungen und Fähigkeiten anderer Menschen anzuerkennen und dies auch immer wieder zu formulieren hat hier für das ausgesprochen freundschaftliche Müllklima gesorgt: Jedes Mal, wenn die Müllmänner ihre Tonne öffnen, werden deren Körperzellen von Neuem daran erinnert. Jedes Mal hat dieser kleine Zettel vermutlich ein Lächeln in ihr Gesicht gezaubert – dank der Kraft gut gewählter Worte.

Stellen Sie es sich nur mal anders herum vor: Sie überreichen liebevoll einem Freund ein Geburtstagsgeschenk, der sagt aber nicht »Danke«, sondern: »Nun gib schon endlich her!« Da würden wir gleich einen Zentimeter kleiner werden. Und wir verspürten das Gegenteil von Anerkennung, nämlich Demütigung.

Ein solches Gefühl können wir nun aber überhaupt nicht gebrauchen. Weil es aber über unser soziales Umfeld immer wieder initiiert werden kann (denken wir nur an Mobbingsituationen, die ausschließlich über die Verweigerung des Zugehörigkeitsgefühls und die Demütigung funktionieren) nutzen wir unser Wissen und lassen immer wieder mal ein Dankeschön in unsere Gefühle einfließen: Sagen wir zu uns selbst ab und zu mal »Dankeschön«.

Sensibilisieren wir uns ein wenig für die Situationen, in denen wir kurz einmal dankbar auch uns selbst gegenüber sein dürfen.

Wenn wir unsere Wohnungstür aufschließen, könnten wir uns sagen: »Mensch, da kann ich mir mal dankbar sein, dass ich mir ein so kuscheliges Nest gebaut habe. Dafür, dass ich so nette Köstlichkeiten im Kühlschrank habe, dafür, dass ich meine Zimmerpflanzen ja doch immer mal wieder gieße, dafür, dass ich meinen Humor und meine Fröhlichkeit bewahrt habe, dafür, dass ich Liebe empfinden kann.«

So oder so ähnlich könnte sich das vollziehen. Es ist eine Binsenweisheit, doch nichtsdestotrotz kann man sie nicht oft genug wiederholen: Zuerst müssen wir uns selbst lieben, bevor wir diese Liebe den anderen geben können. Dann erst kommt diese Liebe wie ein Geschenk wieder an uns zurück.

Andersherum kann und wird das nicht funktionieren. Denken Sie selbst darüber nach. Wer allein in seinem Zimmer sitzt und hofft, irgendjemand, der einen wirklich lieben wird, kommt irgendwann vorbei, der wird lange sitzen und warten. Vermutlich ewig. Und ohne Erfolg.

Denn bevor der Märchenprinz durch unser Turmfenster klettert, muss immer zunächst eine Veränderung in uns selbst stattfinden. Und wenn wir der Liebe begegnen möchten, müssen wir sie zunächst immer in uns selbst finden. So ist das auch mit dem Glück.

Haben wir erst zu unserem Glück gefunden, wird es uns von selbst suchen, denn es folgt dem Gesetz der Resonanz. Diese kleine Regel habe ich im Verlauf des Buches bereits erwähnt und möchte Sie Ihnen an dieser Stelle gerne noch einmal mit auf den Weg geben.

Gefühle sind ansteckend!

Ich habe Ihnen ja schon vom Gesetz der Resonanz erzählt, das beispielsweise bewirkt, dass andere Menschen zurücklächeln, wenn man sie anlächelt.

Dasselbe Gesetz gilt auch für unsere Gefühle. Wenn wir für einen gewissen Zeitraum ein bestimmtes emotionales Signal in unsere unmittelbare Umwelt senden, dann beginnt schon bald darauf unsere Umwelt, dieses Signal an uns zurückzusenden. Wer dieses Prinzip kennt, kann es auch gezielt zur Verbesserung seiner Lebensqualität einsetzen.

So verhält es sich auch mit einem Ja, welches man liebevoll in seine Umgebung streuen kann, und mit einem Dankeschön, ja selbst mit einer kleinen Portion Glück. Das hat wenig mit Esoterik zu tun, sondern mit ganz normalen, in der frühen Kindheit erworbenen Reaktionen. Mama und Kind spiegeln sich und das können sie dann das ganze Leben lang. Nutzen wir also dieses Wissen und bestücken wir unser Umfeld, unsere Familie, unsere Freunde oder unsere Arbeitskollegen mit genau den Gefühlen, die wir zurückbekommen möchten.

Sie werden sehen: Was mit fremden Menschen auf dem Weg zum Bäcker funktioniert, klappt im engeren Umfeld noch besser. Und es hat Bestand!

Am Ende des Buches sind wir also wieder bei ganz frühkindlichen Erfahrungen angelangt, dort, wo das Baby die Mama anlächelt, um wiederum ihr ein Lächeln abzuringen.

Alles fängt bei Mama an

Ob ein Mensch großes Glück empfindet oder wenig, hat also nicht viel damit zu tun, was er erlebt, sondern mit der Verarbeitung seiner Gefühle. Die Art und Weise, wie wir Gefühle verarbeiten, ist bedingt durch die Mechanismen, die wir uns zur Gefühlsverarbeitung zugelegt haben. Sie steht in einem engen Zusammenhang mit den von uns unbewusst angelegten Ordnern und den darin gespeicherten Dateien, und sie ist zu einem bestimmten Zeitpunkt immer unmittelbar daran gekoppelt, unter welchen Angewohnheiten die Gefühls-Häfen unserer intelligenten Körperzellen in der Zeit zuvor gearbeitet hatten.

Die Grundeinstellung dieser Datenverarbeitung geschieht immer in der frühen Kindheit. In einer Zeit, in der wir Gefühle noch nicht bewerten können und uns nichts von ihnen ablenkt, so dass wir sie absolut rein empfinden können. Der Lernprozess des Glücks beginnt in den Armen unserer Mutter, und zwar am stärksten unmittelbar nach der Geburt. Das gilt für jeden Menschen. Auch für Waisen- oder Adoptivkinder, für Frühchen und für Kinder mit »schrecklichen« Eltern. Für sie mögen sich die Wege zum Glück womöglich variiert gestalten, aber sie tragen das Wissen darum tief in sich, einfach weil der Mensch an sich und von Natur aus zum Glücklichsein geboren ist.

Das reine Glück wird im Moment der Geburt oder dann erlebt, wenn wir zum ersten Mal in Mamas Armen kuscheln dürfen. Wir erleben es emotional und auch körperlich und von diesem Moment an entsteht in uns die lebenslange Sehnsucht, dorthin wieder zurückzugelangen. Sich langfristig unglücklich zu fühlen, bedeutet nichts weiter, als sich von dem Ur-Glück in uns entfernt zu haben.

Es gibt heute zahlreiche therapeutische Ansätze, die davon ausgehen, dass das Glück eines Menschen in den Armen seiner Mutter beginnt. Je nachdem, wie kraftvoll das Glückserleben mit der Mutter einst war, erleben wir im späteren Leben die Sehnsucht, ein solches Glück wieder zu finden. Und je nachdem, wie günstig oder auch ungünstig diese unseren ersten Pfade des Glückserlebens ursprünglich angelegt wurden, wird uns das erfolgreich oder eben weniger erfolgreich gelingen.

Es besteht also ein direkter Bezug zwischen der Mutter und unserem Lebensglück.

In der alternativen Kinderwunscharbeit beobachten wir, dass die Fähigkeit zur Empfängnis in direktem Zusammenhang mit dem Muttersignal steht. Die Arbeit in der Tiefenpsychologie geht an diesem Punkt noch weiter, denn hier zeigt sich, dass Menschen auch den Zeitpunkt ihrer eigenen Zeugung als den glücklichsten Moment überhaupt empfinden. Gewiss, kein Mensch kann sich an diesen Moment kraft seines Verstandes erinnern. Gelingt aber ein Zugang zur anderen Festplatte, zu unserem Unterbewusstsein, dann findet man die Erinnerung sogar hieran! So lernte ich durch diese Arbeit einen Ort in unserer emotionalen Erlebniswelt kennen, der wohl der kraftvollste allen Glücksempfindens ist: Den Punkt der absoluten Glückseligkeit. Darüber hatte ich ausführlicher an früherer Stelle des Buches geschrieben.

Die Straße des Glücks ist in uns verborgen – legen wir sie selbst wieder frei

Mit dem Wissen um unsere zweite große Festplatte und der Tatsache, dass wir über innere Bilder neue Dateien in unsere alten Ordner einspielen können, können wir uns selbst auf den Weg machen.

Stellen wir uns gerne vor, wir wären ein Neugeborenes und lägen auf dem weichen Bauch unserer Mutter. Halten wir das Bild eine Weile fest. Es ist nicht schlimm, wenn das anfangs nicht gelingen mag. Wir halten das Bild trotzdem weiter fest. Spüren wir unsere Umgebung, versuchen wir Geräusche um uns herum wahrzunehmen, den Herzschlag unserer Mutter, die Wärme ihrer Haut, vielleicht auch ihren Geruch.

Es gibt keine wirkliche Aktion in diesem Bild. Wir liegen einfach nur in den Armen unserer Mutter.

Es mag sein, dass sich nun unsere emotionalen Widerstände melden. Vielleicht fühlen wir, dass wir das Glück noch nicht so ganz rein empfinden können. Das macht nichts. Denn hier und genau in diesem Moment findet eine immense Heilung statt.

Jedes noch so kleine Defizit, das wir jetzt empfinden, steht für irgendeine Erfahrung aus unserer Kindheit oder dem späteren Leben. Diese müssen wir uns gar nicht so genau anschauen. Wir empfinden einfach nur, was gerade zu empfinden ist, und wissen: Unsere intelligenten Körperzellen müssen jetzt ihr Programm abspulen. Hier heißt es innehalten und es einfach geschehen lassen. Ist das Programm abgelaufen, sind wir unserem Glücksempfinden ein Stückchen näher gekommen.

Manche Menschen stellen sich vor, sie lägen in Mamas Armen, und beginnen sofort zu lächeln. Andere haben vielleicht anfangs Schwierigkeiten, diese Vorstellung aufzubauen. Und wieder andere empfinden zunächst alles andere als Glück. Wut vielleicht oder Trauer, oder sie erleben ein Gefühl des Verlassenseins. Das macht nichts. Und wir sollten das auch nicht bewerten. Es ist kaum sinnvoll, die eigene Mutter dann ganz real nach den Umständen unserer Geburt und der Zeit danach zu befragen. Wir wissen: Diese Heilung, die in der Rückkehr zur gesunden Hinwendung zu unserer Mutter besteht, spielt sich auf einer ganz anderen Ebene ab.

Das alles bezieht sich nur auf unser ganz frühes Erleben und keinesfalls darauf, wie wir unsere Mutter heute empfinden mögen. Das ist vollkommen unerheblich für unsere Straße des Glücks, die wir nur in unserem allerersten Erleben wieder frei legen können.

Ich kann das also abkürzen: Wir stellen uns vor, wir lägen unmittelbar nach der Geburt in den Armen unserer Mutter und schauen, was es dort zu fühlen gibt.

Dies allein ist die Heilung. Im Laufe nur weniger Minuten werden unsere Körperzellen ihre Programme abspielen.

Wir sind nachher ein kleines Stückchen glücklicher als noch zuvor.

Rufen wir diese Vorstellung gerne öfter mal in uns hervor, ohne etwas zu erwarten. Staunen wir nur, wie sich dieses Bilderleben nach und nach und ganz von selbst verändert.

Wir sind am Ziel, wenn wir das Glück in den Armen unserer Mutter wieder rein und kraftvoll erleben können.

Dann sind wir wieder kleine Glückskinder. Ausgestattet mit einer Fähigkeit, die Mutter Natur immer schon für uns vorgesehen hatte und die wir im Laufe unseres Lebens vergessen hatten zu ehren und zu pflegen. Von der wir uns haben ablenken lassen durch die Schule und unbrauchbare Bewertungen von Lehrern, Juniorchefs und Gesellschaft. Nach der sich aber jeder Einzelne von uns ein ganzes Leben lang mit Leib und Seele sehnt.

Werden Sie nun selbst ein Glücksritter

Liebe Leserinnen und Leser,

nun wissen Sie, wie Ihr Unterbewusstsein und Ihr Gefühlshaushalt genau funktioniert und was es mit dem Betriebssystem des Lebens auf sich hat. Sie wissen, wie Sie Dateien richtig abspeichern und wie Sie Ihre Körperzellen auf Glück trainieren können. Ich wünsche Ihnen, dass Sie dieses wertvolle Wissen erfolgreich für sich und Ihr Lebensglück nutzen können. Denn der Weg zum Glück steht uns allen offen.

Und eines noch: Machen sie Ihren Glücksweg nicht gleich wieder zu einem Leistungskurs. Bewegen Sie sich lieber ganz gelassen und spielerisch einfach und allmählich dem Glück entgegen. Machen Sie gerne Pausen, verlassen Sie diesen Weg auch mal – das macht nichts. Wenn Sie es halten, wie die kleinen Kinder es tun, dann kommen Sie auch von ganz allein auch wieder auf ihn zurück.

Beginnen Sie diesen Weg stets mit einem winzigen Schritt!

Der sanfte Weg zum Wunschkind

Birgit Zart
Gelassen durch die Kinderwunschzeit
Loslassen lernen und empfangen
160 Seiten, Broschur
ISBN 978-3-7205-2737-8

Birgit Zart
Kinder-Wunsch-Reisen
Meditationen
Digipack mit einer CD, Spielzeit: 68 Minuten
ISBN 978-3-7205-7008-4

Viele Paare sind euphorisch, wenn sie sich dazu entschließen, ein Kind zu bekommen. Doch stellt sich heraus, dass das Schwangerwerden nicht klappt, nimmt der Leidensdruck zu. Sanft und liebevoll weist Birgit Zart, Heilpraktikerin, Homöopathin und führende Therapeutin auf dem Gebiet ganzheitlicher Kinderwunschtherapie, einen Weg aus dieser emotionalen Abwärtsspirale. Eine tröstliche und einfühlsame Anleitung für eine gelassene und glückliche Kinderwunschzeit.

Leseprobe unter www.ariston-verlag.de

Wer bin ich, was kann ich und wohin will ich?

Dasa Szekely | **Gefühlsinventur**
Das Buch über mich
224 Seiten, gebunden
ISBN 978-3-424-20036-2

Unser Gefühlshaushalt sieht manchmal aus wie ein vollgestopfter Speicher: Alles ist durcheinander, wir kennen uns nicht mehr aus und wissen nicht, was wir eigentlich fühlen oder wollen. Hier bringt Life- und Business-Coach Dasa Szekely mit ihrem innovativen Konzept Ordnung in unser Gefühlschaos. Durch Tests und kleine Aufgaben beginnen wir einen Dialog mit uns selbst und lernen dadurch, in uns hineinzuhören und uns selbst zu spüren. So macht Inventur Spaß!

Leseprobe unter www.ariston-verlag.de